Cornelia Muth (Hg.)

Was bleibt?
Resilienz der Dialogphilosophie

Cornelia Muth (Hg.)

WAS BLEIBT? RESILIENZ DER DIALOGPHILOSOPHIE

Bibliografische Information der Deutschen Nationalbibliothek
Die Deutsche Nationalbibliothek verzeichnet diese Publikation in der Deutschen Nationalbibliografie; detaillierte bibliografische Daten sind im Internet über http://dnb.d-nb.de abrufbar.

Bibliographic information published by the Deutsche Nationalbibliothek
Die Deutsche Nationalbibliothek lists this publication in the Deutsche Nationalbibliografie; detailed bibliographic data are available in the Internet at http://dnb.d-nb.de.

ISBN-13: 978-3-8382-1578-5
© *ibidem*-Verlag, Stuttgart 2022
Alle Rechte vorbehalten

Das Werk einschließlich aller seiner Teile ist urheberrechtlich geschützt. Jede Verwertung außerhalb der engen Grenzen des Urheberrechtsgesetzes ist ohne Zustimmung des Verlages unzulässig und strafbar. Dies gilt insbesondere für Vervielfältigungen, Übersetzungen, Mikroverfilmungen und elektronische Speicherformen sowie die Einspeicherung und Verarbeitung in elektronischen Systemen.

All rights reserved. No part of this publication may be reproduced, stored in or introduced into a retrieval system, or transmitted, in any form, or by any means (electronical, mechanical, photocopying, recording or otherwise) without the prior written permission of the publisher. Any person who does any unauthorized act in relation to this publication may be liable to criminal prosecution and civil claims for damages.

Printed in the EU

Was bleibt?
Zur Resilienz der Dialogphilosophie

Anlässlich meines 20jährigen Berufsjubiläums an der Fachhochschule Bielefeld haben mein studentischer Mitarbeiter Klemens Lichte und ich ehemalige Studierende des dortigen – mut(h)igen – dialogischen Denkkollektivs gebeten, ihr reflexives Bewusstsein über die Resilienz ihrer dialogischen Lern- und Lehrprozesse zu verschriftlichen.

Nehme ich die Definition von dialogischer Resilienz meines erwachsenenpädagogischen Kollegen Johannes Schopp aus seiner E-Mail an mich vom 12.01.21 beim Lesen der Beiträge als Deutungsfolie, so wird seine Darlegung in allen Beiträgen bestätigt:

> „Resilienz ist das Vermögen der Menschen, aus Krisen und einschränkenden Verhältnissen gestärkt hervorzugehen, sich neue Perspektiven anzueignen, Zuversicht zu entwickeln und zu lernen. Das gelingt nur in und durch Beziehungen, die von einer dialogischen Grundhaltung des Respekts und der Wertschätzung getragen sind, in Resonanz mit sich selbst und der Welt.
>
> **Resilienz ist das soziale Vermögen einer Gemeinschaft, die Empowerment hervorbringt. Das beinhaltet** (Hervorh. i. O.):
>
> - Aus verschiedenen Lebensoptionen auswählen zu können.
> - Sich für eigene Interessen aktiv und solidarisch einsetzen zu können.
> - Die Fähigkeit, sich belastenden Lebensproblemen aktiv stellen zu können und Ressourcen zu erschließen.
> - Kritisches Denken.
> - Die Fähigkeit, Einsamkeit zu überwinden und die Bereitschaft, sich in solidarische Gemeinschaften einzubinden.
> - Das Einfordern der Rechte auf Teilhabe und Mitwirkung und die stete Bereitschaft, offensiv gegen Herrschaft und Exklusion einzutreten.
> - Die Fähigkeit, sich aktiv Zugang zu Informationen zu verschaffen und zu lernen. (vgl. F. Höher (2014): Vernetztes Lernen im Mentoring, Heidelberg, S. 21 in Anlehnung an Herringer)

Diesem Ansatz verpflichte ich mich. Die Menschen mit ihren Stärken und Ressourcen, Möglichkeiten und Chancen stehen im Fokus meiner Arbeit. Die Zielrichtung ist dabei, Selbstbewusstsein und Selbstwirksamkeit, Präsenz, Bewusstheit und Handlungskompetenz zu fördern. Es geht um das

Entwickeln innerer Stärke, Überzeugungs- und Widerstandskraft, eingebettet in solidarisches Handeln in Gemeinschaften. So kann sich Resilienz bei Einzelnen, in Teams und Organisationen entwickeln und festigen."

Inhalte dieser Darlegung von Resilienz finde ich grundsätzlich in der „solidarischen Teilnahme" jeder Person am Gelingen dieses Bandes bestätigt, insbesondere im Beitrag der „wertschätzenden" Bildern der Künstlerin Ines Wagner, in den „Resonanzerzeugnissen" von Sigrid Schrage, im schöpferischen Gespräch zwischen Anna Goedecke und Nicole Pankoke einerseits und andererseits im freundinnenschaftlichen Briefwechsel zwischen Susanne Miryam Hüser-Granzow und Susanna Matt-Windel.

Die Beiträge von Gabi Deiters, Elisa Langsenkamp und Katharina Wilke zeigen, wie die dialogische Haltung zur „Teilhabe und Mitwirkung" an professionellen und persönlichen Prozessen führt. „Kritisches Denken" spiegelt sich in den Beiträgen von Sophie Brzezinski und Nojin Mall Mirza wider. Schließlich bekundet Claus Melter seine kollegiale „Wertschätzung".

Zudem werden mit freundlicher Genehmigung des Klinkhardt-Verlages zwei Texte meiner Gestalt-Kollegen Professor Dr. Detlef Knopf und Dr. Reinhard Fuhr wiederabgedruckt. Detlef war mein erster Gestaltpädagogik-Weiterbildner, über dessen Artikel ich auf das Phänomenologische Denken Husserls gestoßen bin; Reinhard hat mich über sein Konzept der Praxisentwicklungsforschung zum dialogischen Forschen inspiriert. Ich bin sehr dankbar, beiden als Pädagogen und Kollegen begegnet zu sein. Sie waren in all den 20 Jahren geistig an meiner Seite.

Beide haben mir Wege aus dem Kontrolldenken (z. B. lineares Ursache-Wirkungs-Denken) hin zum ganzheitlichen, zirkulären und selbstreflexiven Bewusstsein, was hier als resilientes Handeln und Wirken gesehen wird, aufgezeigt: „Die Belohnung für solches Bemühen (in Hinblick auf das genannte Bewusstsein, CM) liegt zu einem erheblichen Teil in dem Bemühen selbst; es kann eine starke Resonanz und ein tief befriedigendes Empfinden in uns auslösen, wenn es uns gelingt, einen Beitrag für das Wiederherstellen oder das Aufrechterhalten der natürlichen Ordnung sich selbst organisierenden Lebens zu leisten" (Fuhr, R. & Gremmler-Fuhr, M.: Gestalt-Ansatz, Köln 1995, S. 150f.).

Die folgenden Beiträge zeigen, dass das dialogische Leben weitergeht!

Cornelia Muth
Berlin, im Februar 2021

Inhalt

Cornelia Muth
Was bleibt? Zur Resilienz der Dialogphilosophie 5

Ines Wagner
Bildentstehung – ein dialogischer Zugang 11

Detlef Knopf
„Leibliches Verhalten" — Anmerkungen zur
lebensweltbezogenen Erwachsenenbildung aus der Sicht einer
Phänomenologie der Körperlichkeit 13

Sigrid Schrage
Was bleibt vom Dialog? Was ist vom Dialog hängen geblieben?
Was hat sich durch den Dialog in meinem privaten oder
beruflichen Leben verändert? 26

Anna Goedecke und Nicole Pankoke
Gedankenstrich: Was bleibt, ist Geworden zu sein 39

Gabi Deiters
Was bleibt vom Dialog? 46

Elisa Langsenkamp
Dialogische Erinnerungen 55

Nojin Malla Mirza
Was bleibt vom Dialog? 62

Sophie Brzezinski
Was bleibt vom Dialog? Chancen und Grenzen des Dialogs in
der rassismuskritischen Sozialen Arbeit 70

Susanne Miryam Hüser-Granzow und Susanna Matt-Windel
Briefwechsel 78

Claus Melter
Der Dialog im persönlichem Kontakt 90

Reinhard Fuhr
Praxisentwicklungsforschung 95

Katharina Wilke
Was bleibt vom Dialog 131

Cornelia Muth
Dialogische Forschung, ein Blick zurück nach vorne 137

Bildentstehung – ein dialogischer Zugang

Ines Wagner
Sozialarbeiterin & Künstlerin

Die im Buch abgedruckten Bilder entstanden in meinem Atelier im Ostblock Kulturhaus Bielefeld e.V. im Laufe eines gemeinsamen Nachmittages mit den Autor*innen Anna Goedecke und Nicole Pankoke, deren Text „Was bleibt, ist Geworden zu sein" ebenfalls in diesem Buch zu finden ist. Die Idee war, durch aufmerksames Zuhören von Nicoles und Annas Arbeitsprozess einen weiteren neuen dialogischen Zugang zu finden und mich in die Situation hineinzufühlen.

So begannen die beiden, miteinander zu sprechen und an ihrem Text zu arbeiten. Ich nahm Worte, Sätze und Schwingungen auf und ließ diese auf mich wirken. Intuitiv ging ich auf die verschiedenen Szenen ein und begann zu malen. Hierbei gab den Anstoß meist ein Wort oder ein Satz, eine Energie bzw. die Mischung aus diesen Aspekten. So spürte ich diesen Anregungen in mir nach und ließ die Farbe auf den Pinsel und folglich auf das Papier strömen. Die entstandenen Bilder verstehe ich als Spuren, die im Rahmen dieses dialogischen Prozesses hinterlassen wurden.

Aus dem Zwischen, also dem Intersubjektiven, resultiert mein Körper-Leib-Zusammenspiel, das die Wahl der Farben, die des Pinsels und die ausführenden Bewegungen bestimmt. Dadurch sind sie weder zufällig noch kontrolliert vorausgeplant. Auch habe ich zu Beginn und im Laufe des Prozesses nicht das große Ganze im Blick. Die vollzogenen Bewegungen erscheinen als Schwingung, als Gesten im Raum und finden auf dem Papier Halt. Auch die Kombination bzw. die Überschneidungen und Überlagerungen der Farben entstehen nicht aus einer rationalen Entscheidung heraus. Sie entwickeln sich durch meinen Blick auf das Blatt Papier in Kombination der Wahrnehmung meiner Körperbewegungen und des so transportierten Gefühls von Stimmigkeit, die ich leiblich spüre. Ebenfalls leiblich spürbar ist das Gefühl, mit dem Bild fertig zu sein, auch hier durch mein Körper-Leib-Zusammenspiel beschreibbar. In diesem Moment trete ich vom Gemalten zurück, gehe also auf Distanz, um mich in diesem Augenblick meinem Bild aus einer anderen, neuen Perspektive nähern zu können. Jetzt sehe ich das ganze Bild und werde von der erschaffenden Künstlerin zur beobachtenden und betrachtenden Person.

Ich spüre noch eine Verbindung zu dem Gemalten, aber sowohl das leibliche Erleben als auch das emotionale Empfinden hat sich gewandelt und das Intersubjektive zwischen mir und dem Bild ist nun nur noch als ein Erinnern an das vergangene Erlebnis spürbar. Oft kann und möchte ich meine Bilder nicht beschreiben und erklären. Ich könnte natürlich aufzählen, was ich jetzt sehe, also welche Formen und Farben abgebildet sind, ob das Bild eher düster oder fröhlich wirkt und welche Emotionen es nun bei mir auslöst. Aber das, was mich interessiert, bewegt und motiviert, ist die Begegnung anderer Menschen mit meinen Bildern und mit mir. Begegnung meint im ersten und für mich vordergründigen Schritt: Was siehst, spürst und fühlst Du? Welche Assoziationen werden in Dir wach? Welche Prozesse werden durch das Betrachten in Dir angeregt? Wenn Du als Betrachter*in nun mit dem Bild und mit mir in Kontakt trittst, kann hier eine neue intersubjektive Erfahrung entstehen, in der das Gemalte ein Fundament bzw. den Hintergrund für einen neuen Dialog bildet.

„Was bleibt" ist also nicht nur ein gemaltes Objekt, es bleiben individuelle, intersubjektive Sammlungen von Erfahrungen eines Dialogs auf mehreren Ebenen. Was nicht haltbar und kaum beschreibbar ist, sind all die ersten Momente im Rahmen dieser individuellen Begegnungen. Mit Dir, mir und dem uns umgebenden Raum.

„Leibliches Verhalten" — Anmerkungen zur lebensweltbezogenen Erwachsenenbildung aus der Sicht einer Phänomenologie der Körperlichkeit[1]

Detlef Knopf

Für Enno SCHMITZ' Ansatz der Erwachsenenbildung als lebensweltbezogenem Erkenntnisprozess sind Dualitäten wie „innere" und „äußere" Realität, „subjektive" und „objektive" Wirklichkeit zentral. Die insbesondere von MERLEAU-PONTY ausgearbeitete Phänomenologie des leiblichen Verhaltens ermöglicht eine Veränderung der Perspektive auf die Lebenswelt, die für eine Erwachsenenbildungspraxis als Förderung „leibhaftiger Vernunft" fruchtbar sein könnte.

1. Der Rekurs auf die phänomenologische Tradition

Enno SCHMITZ hat in einer Vorstudie für seinen Enzyklopädie-Beitrag (1984) auf die Gefahren einer Enteignung des Deutungspotenzials der Lebenspraxis hingewiesen:

> „In der technischen Anwendung von Wissenschaft wird der theoretisch geformte Begriff vor und schließlich auch an die Stelle der zu erklärenden Sache gesetzt und so das Verhältnis von Lebenswelt und Wissenschaft in sein Gegenteil verkehrt: Es geht dann nicht mehr darum, mit Hilfe von Wissenschaft lebensweltliche Handlungsprobleme zu bewältigen, indem ihre Ursachen in den Strukturen der Natur- und Sozialwelt erklärt und für ein vernünftigeres Handeln verstehbar gemacht werden. An die Stelle dieser aufklärenden Funktion von Wissenschaft tritt zunehmend eine Umgestaltung der Lebenswelt nach Maßgabe abstrakter wissenschaftlicher Begrifflichkeit." (SCHMITZ 1983a, 4/5)

Die Selbstbesinnung auf die aufklärende Funktion von Wissenschaft wird im Hinblick auf die Erwachsenenbildung in einer diffe-

---

[1] Für die Freigabe dieses Textes bedanken wir uns recht herzlich bei der Verlag Julius Klinkhardt KG. Für den Wiederabdruck wurde der Text an die Konventionen der neuen Rechtschreibung angepasst.

renzierten Neubestimmung ihres Verhältnisses zur Lebenspraxis und deren Handlungs- und Erkenntnisproblemen gesucht. „Subsumtion der Sache unter den Begriff" steht als Kürzel für ein Missverhältnis der Wissenschaft zur Lebenswirklichkeit, demgegenüber die von HUSSERL (1977) begründete Denktradition an die „Fundierung" der Wissenschaften in der Lebenswelt erinnert. HUSSERL wollte bekanntlich den Nachweis erbringen, dass jene „Lebensweltvergessenheit" der Wissenschaften der Ausdruck einer tiefgreifenden Krise des neuzeitlich-abendländischen Denkens ist. Durch einen „Rückgang auf die Lebenswelt" wollte die Phänomenologie einer Verachtung der Doxa (WALDENFELS 1985, 34 f.) entgegentreten. Die objektiv ausgerichtete Wissenschaft der Neuzeit tendiere dazu, der Erfahrungswelt rationalistische Konstruktionen zu unterschieben und Subjektivität auszutilgen, und die Erwachsenenbildung – so SCHMITZ – stehe in Gefahr, ihr dabei zu Diensten zu sein. Die Rehabilitierung der vorwissenschaftlichen Erfahrung (LIPPITZ 1980) durch jene Sozialwissenschaftler und Philosophen, die das HUSSERLsche Erbe aufnahmen und weiterentwickelten, vollzog sich im Nachweis der Fundierung aller wissenschaftlichen Konstruktionen in der Lebensweit (MERLEAU-PONTY 1966, 4 f.). Phänomenologische Ansätze sind in der Erziehungswissenschaft (LOCH 1983) und Erwachsenenpädagogik zuletzt vor allem über den Weg einer Rezeption der Sozialphänomenologie von SCHÜTZ aufgenommen worden, vielfach allerdings reduziert auf die Funktion von Stichwortgebern für die Legitimation der „interpretativen Wende" als einer begrüßenswerten Umorientierung insbesondere der empirischen Weiterbildungsforschung. In diesem Kontext werden phänomenologische Fragestellungen in erster Linie als Probleme des (methodisch kontrollierten) Fremdverstehens (KADE 1983; MATTHES-NAGEL 1986) thematisiert. Der Rückgang auf die Welt des vor- oder außerwissenschaftlichen Lebens führt zu den Deutungsschemata des Alltagslebens über die „Bedingungen des Handelns" (SCHMITZ 1984, 97). Diese „aufzuklären" ist das Ziel der hier gemeinten Erwachsenenbildung. Phänomenologisch inspiriert ist diese Bezugnahme auf alltägliche Typisierungen durch das Bemühen, den Objektivismus wissenschaftlicher Idealisierungen zu überwinden. Die phänomenologisch sich verstehende Sozialwissenschaft setzt also an bei jener „Wirklichkeit als Zusammenhang von Bedeutungen, die als Symbole den Dingen anhaften" (SCHMITZ 1984, 98). Ist aber damit das Programm einer Rückkehr zur Erfahrungswelt eingelöst?

Nachzuweisen, dass wissenschaftliche Konstruktionen in der alltäglichen Lebenswelt als jener Wirklichkeitsregion, die von den Menschen als ‚objektiv' vorverstanden wird, fundiert sind, stellt einen wichtigen Schritt auf dem Weg zu der ‚ursprünglichen Erfahrung' dar. Phänomenologische Reduktion zielt weitergehend aber auf einen vorgelagerten Bereich:

> „Denn auch die alltäglich als selbstverständlich akzeptierten Objektivitäten entstammen einer objektivierenden Bewegung, die selbst von einem dieser Objektivität vorgelagerten Boden anhebt: einem Boden, dem sie als Bewegung angehört, und an dem sie ihre objektivierende Aktivität ausüben kann. Dieser Boden, das prä-objektive Leben, ist der eigentliche Ursprung, für den die phänomenologische Reduktion unseren Blick öffnen soll." (COENEN 1985, 19)

Wenngleich die vor-objektive Welt fast ausschließlich in Deutungszusammenhängen, die durch wissenschaftliche und alltägliche Objektivitäten bestimmt sind, erscheint, kommt durch die phänomenologische Blickwendung zu Bewusstsein, dass alles Deuten und Denken

> „die Aktivität eines lebenden Wesens in einer lebenden Welt ist, und zwar eine solche Aktivität, die für ihr ‚Material' letzten Endes auf die Realität des spontanen Lebens, des praktischen Tuns, Fühlens und Wertens angewiesen ist" (ebd., 21).

Es gehört zu den Paradoxien jener Erfahrungswelt, dass ihr Sinn *inkarniert* ist, in „ungreifbarer Nähe" (WALDENFELS 1980, 12) liegt, zu entziffern nur, wenn man von der objektivistischen Perspektive absieht, dem Menschen stehe eine fertige Wirklichkeit *gegenüber*, die sich in seinem Geist reproduziere oder abbilde. Solche Gegenüberstellungen von Ich und Welt sind häufig den empirischen Wissenschaften wie auch schlichten ‚Aneignungstheorien' angelastet worden, aber diese Annahme einer ‚fertigen Welt' als Objektbereich für unser Erleben und Hantieren hat die objektivistische Wissenschaft durchaus mit dem Alltagsverstand gemein. Die vermeintliche Alternative, der durch Empathie oder Introspektion gewonnene Nachweis eines Eigenrechts ‚subjektiver Wirklichkeit', überwindet keineswegs jenen fragwürdigen Ausgangspunkt. Der Sinn der menschlichen Erfahrung kann weder als eine Aufdeckung einer in der Welt wirkenden vormenschlichen Vernunft noch als eigentätige Schöpfung des menschlichen Bewusstseins beschrieben werden.

> „Der Geltungssinn lebensweltlicher Erfahrung steht nicht schon vor ihrer Konkretion fest. Vielmehr sind lebensweltliche Strukturen sich in konkreten Existenzvollzügen verwirklichende Strukturen. Sinn und Bedeutung gewinnen sie in und durch Erfahrung." (LIPPITZ 1980, 55)

Dieser Verzicht auf die Annahme einer präexistenten Vernunft verweist auf das, was in der Erfahrung selbst geschieht, eine Blickrichtung, die – wie später zu konkretisieren ist – auf ‚leibliches Verhalten' zielt.

2. Verarbeitung der Exteriorität der gesellschaftlichen Wirklichkeit

Enno SCHMITZ entwickelt seinen Ansatz der Erwachsenenbildung aus einem Verständnis von „intentionalem Handeln", das eine „Einheit aus Bewußtsein und Verhalten" (ebd., 103) darstellt. Dieses Handeln – daran lässt er keinen Zweifel – dient in erster Linie der Lebensbewältigung, dem „ununterbrochenen Prozeß der Problemlösung" (ebd., 99). Verhaltensunsicherheiten durch die Konfrontation des Alltagswissens mit nicht vertrauten Herausforderungen, die durch Routinepraktiken wie das Alltagsgespräch nicht zu bewältigen sind, können zu Anlässen werden, erwachsenenpädagogische Unterstützung zu suchen. Auf die Erwachsenenbildner käme die Aufgabe zu, den Teilnehmern dort „Begründungsketten" verfügbar zu machen, wo unbekannte Ereignisse sie vor Entscheidungszwänge stellen, die mittels ihnen vertrauter Deutungen nicht zu handhaben sind. Die Differenz zwischen der „‚äußeren Realität', der objektiven Wirklichkeit" des Handlungssubjekts und seiner „inneren Realität" (ebd., 119 f.), wie überhaupt zwischen „subjektiver" und „objektiver" Wirklichkeit, wird konstitutiv für die Bestimmung der Funktion der Erwachsenenbildung.

Um es pointiert zu formulieren: Der Teilnehmer einer Erwachsenenbildungsveranstaltung nimmt teil an einer „Beschwörung" (STAGL 1985, 108): „Das Unvertraute wird durch seinen Nachvollzug *gebannt*, mit der eigenen Lebenswelt in Beziehung gesetzt und dadurch vertraut gemacht." Die „objektive" Wirklichkeit tritt den Individuen dort, wo sie sie nicht mittels vertrauter Deutungen und routinierter Praktiken unschädlich halten können, als potentiell bedrohlich entgegen. Durch rationale Deutung und Durchdringung soll die Erwachsenenbildung unter Rückgriff auf wissenschaftliche Konstrukte bei der Bewältigung jener Erfahrung der „Exteriotität der gesellschaftlichen Verhältnisse gegenüber dem Individuum" (MATTHES 1985, 49) Beistand geben. Auch im Rahmen der von SCHMITZ herangezogenen Figur der „stellvertretenden Deutung" müssen also – soll die Vermittlung von „subjektiver" und „objektiver" Wirklichkeit der Teilnehmer erfolgen – rationalere Verarbeitungen von Exterioritätserfahrungen zuhanden sein. Die Gefahr ist nicht zu verkennen, dass die Erwachsenenbildung auf den gleichen Fehler verfällt, der

> „(...) in der Selbstgewißheit des soziologischen Denkens tief verankerten Annahme, die rationalistische Betrachtungsweise sichere dem Soziologen schon immer die Vertrautheit mit der exterioren Welt der gesellschaftlichen Verhältnisse ebenso wie mit deren Brechungen im Wahrnehmungshorizont der Gesellschaftsmitglieder (...)" (MATTHES 1985, 58),

unreflektiert zu folgen. Und ebenso fordert das SCHMITZsche Design der Erwachsenenbildung zur Nachfrage heraus, ob der vor lebenspraktischen Handlungsproblemen stehenden Person nicht tendenziell eine am Modell des Sozialwissenschaftlers gewonnene rationalistische Verarbeitungsmodalität jener Exterioritätserfahrungen angetragen wird.

Kennzeichnend für diese Verarbeitungsmodalität ist die „Nostrifizierung" (STAGL 1985) des Unbekannten durch Benennung und Identifizierung, die es für eine rationale Durchdringung öffnen soll. Dem Handelnden erscheinen solche Aktivitäten als Leistungen seines vom Ich gesteuerten Bewusstseins, vollzogen an der ihm als Objekt der Reflexion und Manipulation gegenüberstehenden Wirklichkeit. Es handelt sich um einen aktiven, ‚bewältigenden' Modus der Verarbeitung, der die erlebte Kluft zwischen Individuum und Welt durch Konstruktion und Identifizierung zu überwinden versucht.

Das Monopol der hier skizzierten „Beschreibung der Welt" im europäischen Alltagsbewusstsein wurde in der Vergangenheit kaum bestritten (SCHÄFFTER 1987a, 19 ff.). Im Hinblick auf die wissenschaftliche Verarbeitung der Exterioritätserfahrung lassen sich Merkmale dieser Modalität kennzeichnen, die auf ein „egologisches Vorurteil" schließen lassen: Die soziale Wirklichkeit

> „(...) wird zum Gegenstand, den der Theoretiker vor sich aufstellen und aus der Sicht eines autonomen Denkens mit Hilfe von Begriffen zerlegen und durch theoretische Synthesen rekonstruieren kann. (...) Der Theoretiker wird zum denkenden Zentrum, um das sich die Wirklichkeit in über- und durchschaubarer Weise als ein wohlgeordnetes Ganzes gliedert." (COENEN 1985, 138)

Der Objektivismus dieses „thetischen Denkens" (ebd., 138) kommt dadurch zustande, dass der distanzierende Blick – der Voraussetzung aller Einsicht ist – systematisch kultiviert wird zur Einstellung des „unbeteiligten Beobachters", einem spezifischen, nicht-situierten Standpunkt, das heißt in der Konsequenz: ein fixierter Standpunkt (vgl. ebd., 167). Man kann nicht ausschließen, dass die Einnahme dieser Perspektive zu gültigen und – in Bezug auf die Lebenspraxis — zu nützlichen Einsichten führen mag. Wird aber die Kontexturalität und Perspektivität wissenschaftlicher Ratio vergessen, löst sie sich aus ihrer Bindung an die menschliche Existenz. Der umfassende Anspruch, über den Menschen und die Welt aufzuklären, wird dann für die konkrete Existenz belanglos.

3. „Leiblichkeit" unter dem Gesichtspunkt der Kritik cartesianischer Dualismen

Die Skizze der egologischen Fassung wissenschaftlicher Ratio führt uns zurück zu HUSSERLS Kritik der „Lebensweltvergessenheit". Phänomenologische Untersuchungen können uns zeigen, dass die lebensweltvergessene Wissenschaft in cartesianischer Tradition steht (MERLEAU-PONTY 1966, 234). Die Lehre DESCARTES' von den zwei Substanzen, der *res cogitans* und der *res extensa*, nach der Seele und Körper zwei heterogenen Wirklichkeitsbereichen angehören, hatte HUSSERL bekanntlich zusammenfallen sehen mit dem

> „(...) Aufkommen der modernen Wissenschaften und ihrer Auffassung der Natur als einer in sich geschlossenen Körperwelt. Die Folge dieser Naturauffassung besteht darin, daß die alltägliche, vorwissenschaftliche Erfahrungswelt sich in zwei Welten aufspaltet, nämlich in die physische Natur und die seelische Welt." (MADISON 1986, 164)

Wir sind heute Zeugen einer von unterschiedlichen Positionen aus vorgetragenen Kritik, die die für das moderne Denken und die alltägliche Lebensführung prägenden Dualismen auf ihre Berechtigung hin überprüft. Dieser Kritik fehlt zumeist – mit BENJAMIN gesprochen – „Unbefangenheit": „Die Dinge sind indessen viel zu brennend der menschlichen Gesellschaft auf den Leib gerückt." (BENJAMIN 1928, zit. nach SLOTERDIJK 1983, 18)

In solcher „Kritik aus leiblicher Lebendigkeit" (ebd., 21) kommt teilweise eine ‚weinerliche' Sensibilität zum Ausdruck, die von „Denkern, deren Köpfe (...) energisch, deren nervöse Strukturen (...) abgehärtet sind" (ebd., 20), leicht abgewehrt werden kann (vgl. HEINTEL/MACHO 1987).

Wir haben es demnach mit einer Kritik zu tun, die oft nur dann ‚angenommen' oder ‚verstanden' wird, wenn man bereit ist, „vom Kopf in den ganzen Leib zu schlüpfen" (SLOTERDIJK 1983, 20). Und das kann heißen: andere Beschreibungen der Welt als ‚wirklich' zu respektieren, auch wenn sie *nicht* „auf der Ebene personaler Systeme bewußtseinsfähig und das heißt gleichzeitig als Subjekt-Objekt-Beziehung zu behandeln sind" (SCHÄFFTER 1987a, 22).

Die phänomenologische Untersuchung des leiblichen Handelns berührt sich hier mit anderen Forschungsrichtungen, denen die ins äußerste getriebene Distanz zum Körper zum Problem geworden ist (vgl. z. B. H. SCHMITZ 1964-82; PLÜGGE 1967; BERNARD 1980; BÖHME 1985; MARCEL 1985). Zunächst beruht die Differenz von Körper und Seele – und damit auch die Trennung von der phänomenalen Welt und den anderen – auf der menschlichen Möglichkeit, sich von sich selbst zu distanzieren. In der von DESCARTES entwickelten Auffassung von den zwei Substanzen, die für sich existieren, wird die Möglichkeit, den eigenen Körper als der Dingwelt zugehörig zu betrachten, radikalisiert: „Der so entdeckte Körper ist nicht mein Leib, den ich spüre, als der ich lebe, sondern eben das Körperding." (BÖHME 1985, 1 14)

Im Hinblick auf den Leib, der sich einer äußeren Beobachtung und Behandlung darbietet, spricht MARCEL vom „corps objectif". Aber dieser Körper in der Dinghaftigkeit kann nicht aufgehen in bloß Äußerliches. Denn der Leib ist uns nicht nur als Körper, sondern immer auch als mein oder dein Körper gegeben, er ist dem unmittelbaren Erleben und Mit-erleben zugänglich („corps propre" bei MARCEL, „corps phénoménal" bei MERLEAUPONTY): Es ließe sich also der „Körper" vom „Leib" unterscheiden (WALDENFELS 1980, 36 f.). Der Leib als „allgemeines Medium der Welthabe" (HUSSERL) ist in jeder Beschäftigung mit der Welt beteiligt. Während die Selbstvergessenheit des klassisch-wissenschaftlichen Denkens durch die Einnahme einer fingierten Position des radikal-distanzierten Blickes zu einer Loslösung von der gelebten Existenz führt, macht die phänomenologische Untersuchung die nicht hintergehbare ‚leibhaftige' Verankerung in der Welt deutlich. Sie zeigt, dass das Zurücktreten des Leibes als Medium das *Hervor*treten der Welt – in die er als unmittelbares, materiales Körperding eingebunden bleibt – erst bewirkt. Dieses findet sich besonders deutlich im Hinblick auf die *Wahrnehmung* bestätigt, wo durch den Wahrnehmungsakt das Wahrgenommene hervortritt. In der christlich-abendländischen Tradition wird insbesondere der begrenzende Aspekt dieser leibhaftigen Verankerung in der Welt hervorgehoben – auch SCHMITZ betont einseitig diesen negativen Zug (SCHMITZ 1984, 98 f.).

> „Zwar meldet sich der Leib vorzüglich in der Hemmung und Störung zu Wort, doch dem liegt voraus, was da gehemmt und gestört wird, daß ich nämlich bereits eine *Welt* habe und ein *Ich* bin in leiblicher Vorgegebenheit. Leiblichkeit besagt (...) nicht bloß (...) Begrenzung der eigenen Entwürfe, sondern es besagt zugleich positiv Initiative, Intentionalität, Transzendenz in *statu nascendi*." (WALDENFELS 1980, 40)

Diese Akzentverschiebung eröffnet einen reichen Fragehorizont. Die konstruktivistische Problemstellung, wie die Welt durch unsere Wahrnehmung erschaffen wird, die Konzeptualisierung des Erkennens als „Organisation und Verkörperung von Wirklichkeit" (MATURANA 1985; MATURANA/VARELA 1987), aber auch die gestalttherapeutische Arbeit am „Kontaktprozeß" zwischen Selbst und Umwelt (PERLS/HEFFERLINE/GOODMAN 1979; DREITZEL 1982; KEPNER 1988) lassen sich hier einfügen. Die Welt präsentiert sich uns in einem phänomenalen Feld:

> „Es ist die Wahrnehmung, die, indem sie sich selbst verbirgt, den Dingen ermöglicht, uns als selbständige Objekte entgegenzutreten (...) Die Wahrnehmung ist (...) nicht als ein vom Ich gesteuerter Bewußtseinsakt zu fassen. (Sie) *ist* die Seinsweise der Subjektivität. Sie ist das Subjekt selbst, das sich im Wahrnehmen hingibt und der Welt öffnet. Eine eventuelle Distanznahme findet erst nachträglich statt." (COENEN 1985, 151)

MERLEAU-PONTY hat diese Sachverhalte in seinem Begriff des „étre-au-monde", dem „Zur-Welt-Sein", zusammengebracht. Der Leib fungiert in einem unablässigen Prozess der sich stets erneuernden Strukturierung und Sinnbildung.

> „Das leibliche Da bedeutet eine Vorgegebenheit von Welt, Selbst und Anderen, hinter die wir nicht zurückkönnen, und (...) diese Vorgegebenheit (ist) kein bloßes factum brutum, gegen das unsere Sinnentwürfe anrennen, vielmehr heben die Prozesse der Sinnbildung selber an mit einer leiblichen Spontaneität und schlagen sich nieder in leiblichen Gewohnheiten. Dieses ‚ich kann' ist ursprünglicher als das detachierte ‚*ich weiß*', von dem Descartes ausgeht." (WALDENFELS 1980, 17)

Im leiblichen Verhalten und seinen Strukturen ist

> „(...) dessen Zielgerichtetheit abzulesen. Was dem cartesianischen oder empiristisch gedachten Dualismus ein gewisses Recht gibt, ist einzig die Tatsache, daß der gemeinte Sinn sich nie ganz adäquat realisiert und darstellt und Dissoziationen möglich sind, in denen Innen und Außen sich abspalten." (ebd., 18)

4. Diesseits von Subjekt und Objekt

SCHMITZ hatte sich auf MERLEAU-PONTY berufen, um den Nachweis der Einheit von Bewusstsein und Verhalten im intentionalen Handeln zu führen. Er bestimmt Handeln als ein sinnhaftes, Zwecke und Mittel miteinander ins Verhältnis setzendes Verhalten.

> „Dies gelingt nur, wenn die Handlungssubjekte die aus der Umwelt auf sie einströmenden Reize nicht voraussetzungslos, sondern nach Maßgabe ihrer kognitiven Schemata wahrnehmen, das heißt eine Auswahl zwischen den für sie relevanten und weniger relevanten Reizen treffen." (SCHMITZ 1984, 103)

Pointiert gesagt, wäre Verhalten (erst) dann sinnhaft, wenn sich ein ordnendes und strukturierendes Bewusstsein dem Andrang der Reize, Erlebnisse und Eindrücke entgegenstellt, denen das Subjekt durch eine körperliche Einbindung in die Welt nicht ausweichen kann. Dem Leib in seiner Mittlerrolle wird hier wenig zugetraut. Sinnbildung ist eine Leistung des sich aktiv mit der Umwelt auseinandersetzenden Bewusstseins. Subjektivität kommt nur als egologische vor. Dagegen zeigt die phänomenologische Untersuchung des leiblichen Verhaltens (WALDENFELS 1980) die Fundierung des personalen Bewusstseins in anonymen, präpersonalen und vorprädikativen Wahrnehmungsvollzügen auf.

> „Der ontologische Vorrang der Wahrnehmung vor dem selbstbewußten Denken läßt begreiflich werden, wieso uns unsere Welt als einem leiblichen Zur-Welt-sein je schon erschlossen ist. Durch unsere Inkarnierung existieren wir in sinnhafter Symbiose mit Anderen und mit der naturhaften und kulturellen Welt. (...) Das heißt nun nicht, daß nicht ich es bin, der wahrnimmt, aber für die *Bedeutung* meiner Wahrnehmung komme ich nicht im Sinne eines konstituierenden Bewußtseins auf, das die verworrenen Sinneseindrücke etwa durch Urteilen mit Sinn versieht.
> Durch meine leibliche Existenz bin ich (...) immer zugleich wahrnehmendes und wahrnehmbares Wesen, wodurch eine idealistische oder empiristische Scheidewand zwischen Innen und Außen durchbrochen wird." (MEYER-DRAWE 1987, 142/143)

Die „Verschränkung von Innen und Außen im Verhalten" (WALDENFELS 1980, 55) hebt die oben skizzierten Dualismen nicht auf, sondern ist zu verstehen als eine Einheit in der Differenz (ebd., 65). Im leiblichen Verhalten finden Gestaltbildungen statt und treten Strukturen hervor, die auf Prozesse vorreflexiver Organisation unserer Erfahrungen und Handlungsvollzüge schließen lassen. Gestalt- und Strukturbildungen sind Organisationen eines Erfahrungsfeldes, *innerhalb dessen* das Ich unter bestimmten Bedingungen auftritt, ohne aber je diesen ganzen Prozess zu steuern (vgl. WALDENFELS 1985, 66).

> „Das Ich lebt in einem Rahmen mehr oder weniger anonymer Strukturen, die es weder vollbewußt entworfen hat, noch je total in den Griff bekommen kann. (Auf) diese Anonymität, in der das Subjekt in einer unmittelbaren Weltvertrautheit lebt, (trifft) die Theorie vom autonomen Ego ebensowenig wie die des undurchlässigen Gegensatzes von Eigenem und Fremden, Ich und Anderen, zu. (...) Einem subjektiven Leben gegenüber, das anfänglich offen ist und eben als ein Im-Anderen-leben existiert, erscheint der Unterschied von Individuum und Kollektivität als künstliche Trennung." (COENEN 1985, 157)

In der leiblichen Existenz kommt Intersubjektivität als „Interkorporeität" zum Tragen, ein Bereich „zwischenleiblichen Verhaltens", der die in der Moderne dramatisch zugespitzte Dualität zwischen Subjekt und Objekt nicht negiert oder monistisch einschmelzt, sondern als „dritte Dimension" (MEYER-DRAWE 1987, 139 f.) gleichsam „diesseits von subjektivem Sinn und kollektivem Zwang" (COENEN) in Fluss versetzt. Damit öffnet sich der Blick für ein ‚Zwischen', das Gegensätze wie Bewusstsein und Sein, Subjekt und Objekt umgreift: Die Dualitäten werden dort nicht unterdrückt oder – in postmodernistischer Manier – als *Befreiung vom Bewusstsein der Trennung* von der Natur, den Anderen und sich selbst durch das „Toterklären" der Subjektivität aufgelöst (MADISON 1986, 177).

Für eine auf die Transformation subjektiver Wirklichkeit (SCHMITZ) zielende Erwachsenenbildung ergibt sich eine veränderte Perspektive auf die Alltagserkenntnis, denn diese ist nunmehr die *Verkörperung einer spezifischen positiven Vernunft*:

> „Sie ist weder bloß vorläufig, noch endgültig und läßt sich weder durch ein objektives noch durch ein reflexives Wissen überbieten. Als einzige Form der Veränderung bleibt eine leibhafttätige Umformung bzw. Übersetzung, in der die bestehenden Differenzen nicht aufgehoben werden." (WALDENFELS 1985, 48)

Die Realisierung von Vernunft vollzieht sich selektiv und exklusiv, Rationalität und Ordnung ‚gibt' es, aber nur im Plural: in der Sprache des Konstruktivismus: „Leben als Poly-Kontexturalität" (vgl. SCHÄFFTER 1987a).

5. Perspektiven für die Erwachsenenbildung

Der Blick wird frei für vor- und außersprachliche Gestaltungs- und Strukturierungsleistungen, der Sinnbegriff ausgedehnt auf alle Erlebnis- und Verhaltensweisen. Die „Zone einer leibhaftigen Vernunft" (WALDENFELS 1985, 326) ist für die Erwachsenenbildung deshalb so interessant, weil dort ‚variable Ordnungen' zusammentreffen: Paradigmen, Lebensformen, Wissensformen, Diskurse, multiple Realitäten. Über das von SCHMITZ betonte Fremdverstehen hinaus werden Prozesse der Verständigung und Orientierung bedeutsam: *Diesseits* der großen Ordnungen wäre die Aufmerksamkeit zu wecken für die Grenzen und Anschlussmöglichkeiten der jeweiligen Sinnsysteme und -horizonte (vgl. SCHÄFFTER 1986). In der Erwachsenenbildungspraxis – und hier ist nicht nur die der etablierten institutionellen Träger gemeint! – lässt sich beobachten, dass neuartige Möglichkeiten einer Beschäftigung mit dem Körper – nicht nur eine Thematisierung des Körpers – erprobt werden. Dabei werden gewiss gelegentlich alte Dualitäten durch eine Umkehrung der Prioritäten, jetzt also zugunsten eines Primats des Körpers, bloß bekräftigt. Ihre Berechtigung aber haben solche Versuche allemal, weil

> „(...) Ansätze zu einer Synthese von Sein und Bewußtsein nicht als bloßes Denkschema entwickelt werden (können). Sie müssen im Lebensvollzug vernünftig reflektiert und praktisch erfahren werden." (ZUR LIPPE 1982, 36; vgl. auch ZUR LIPPE 1987)

Die „Kunst des Sich-lassens" (BÖHME 1985, 137) stellt eine Erweiterung der Chancen dar, die oben beschriebene Exterioritätserfahrung zu verarbeiten. Die Wege, Möglichkeiten leiblichen Daseins auszuloten, führen zu dem Grundproblem, „daß jede aktive, intentionale, willensmäßige Herbeiführung diese Möglichkeiten gerade zerstört" (ebd.).

Es ist kein Zufall, wenn Betätigungsweisen zunehmend auf Interesse stoßen, in denen

> „(...) auch der Körper in sozialen Zusammenhängen spezifischer, sozusagen ‚körpergemäßer' eingesetzt werden kann. Eine dieser Möglichkeiten ist, über Körperlichkeit eine Feinabstimmung und ein Tempo der Verhaltens-

koordination zu erreichen, das über bewußte Kontrollen nicht möglich wäre" (LUHMANN 1987, 336),

zum Beispiel im Tanz. Indem sich die Erwachsenenbildung solchen Bestrebungen öffnet, nimmt sie ihre „Reflexionsfunktion" (SCHÄFFTER) gewiss nicht weniger ernst als im Falle jener Lernformen, die die Selbst-Thematisierung *expressis verbis* betreiben.

Begegnung. © 2021 by Ines Wagner.

Was bleibt vom Dialog?
Was ist vom Dialog hängengeblieben?
Was hat sich durch den Dialog
in meinem privaten oder beruflichen Leben verändert?

Sigrid Schrage

Vorwort

Ich schließe mich dem Neurobiologen Gerald Hüther[1] an, der meint, dass das Vorwort für einen Beitrag fast das Wichtigste sei, und möchte noch hinzufügen, dass es auch einen Abschluss geben sollte. Beide können sehr unterschiedlich und individuell gestaltet sein, aber sie bilden einen Rahmen, der zwischen Anfang und Ende einen Raum schafft, indem Gemeinsames wirkt. Und somit bin ich schon beim Wesentlichen:

Den leitenden, zusammenhängenden Fragen zur Dialogresilienz – was bleibt vom Dialog? Was ist vom Dialog hängen geblieben? Was hat sich durch den Dialog in meinem privaten oder beruflichen Leben verändert? – sind vielleicht Kern der nachgefragten Inhalte, Antworten. Dennoch möchte ich mich zunächst auf die Überschrift und ersten Worte des Einladung zu diesem Sammelband beziehen. Es steht dort: „Was bleibt? Anlässlich des 20jährigen Jubiläums der Lehre von Prof. Dr. Cornelia Muth wird sie 2021 ein Buch zur Resilienz der Dialogphilosophie herausgeben." Dies habe ich zuerst wahrgenommen, und es löste in mir Überraschung ob der langen Zeit aus, gleichzeitig Freude und ein Gefühl von tiefer Verbundenheit. Wunderbar. Mein leitendes Motiv, in diesem Rahmen auf die Anrede „Sie sind gefragt. Was bleibt vom Dialog? …" zu antworten, liegt in der Lust, Cornelia Muth zu antworten, denn sie ist von Dialog untrennbar in mir verankert. Und so

---

[1] Angelehnt an Hüthers Ausführungen im Rahmen der 51. Lindauer Psychotherapiewochen 2001, vorab zu seinem Plenarvortrag: „Die neurobiologische Verankerung von Erfahrungen und ihre Auswirkungen auf das spätere Verhalten."

sollte es auch nicht überraschen, wenn in diesem Beitrag die weiterführenden Fragen zum Dialog mit dem „Wie" beantwortet werden. In der „muthigen" wissenschaftlichen Lehre und Vermittlung ist ihre dialogische Haltung „Baseline" und wird verbindend als Erwachsenenbildung im Sinne von Werden vermittelt.

Im Weiteren stellt sich ein „Uff..." bei mir ein, als ich darüber nachdachte: Was ist hängen geblieben? Was hat sich verändert?2 Fragen, die einen riesigen Bogen schlagen und eine große Zeitspanne umfassen zwischen meinem Sein als ehemalige Studentin der FH Bielefeld, FB Sozialwesen, wissenschaftliche Mitarbeiterin und Diplomandin von Cornelia Muth, langjährige Teilnehmerin an den von ihr angebotenen Seminaren zu Dialog wie auch Dialoggruppen und meiner heutigen Profession und Tätigkeit als analytische Kinder- und Jugendlichenpsychotherapeutin in niedergelassener Praxis als auch Mitarbeiterin und Mitforschende in der Säuglings-Kleinkind-Ambulanz am Winnicott-Institut Hannover.

Ich fragte mich, wie es mir gelingen kann, darauf eine „richtige" Antwort zu geben. Es wurde mir schnell klar, dass meine Ausführungen sich nur einer Antwort annähern können, da der Beitrag auf wenige Seiten begrenzt werden muss. Der längere Prozess an sich, der mit dem Innewerden und Darüber-Nachdenken einsetzte, als auch ein Finden einer möglichen Darstellung bedurfte einer Hilfestellung. Ich nutzte das Labyrinth – als haltendes, leitendes und gleichzeitig offenes Instrument für einen Gewahrwerdungsprozess – in mehreren Durchgängen mit o.g. Ein- und Ausgangsfragen und stellte fest, dass mir ein Beginn fehlte. Mit welchem Ereignis hatte ich mich (bewusst) zum Dialog entschieden? Dieses stelle ich im ersten Absatz dar (1.). Auch stellte ich fest, dass sich die Wurzeln und Triebe meines Dialogs nur in impulsgebenden, symbolträchtigen Begriffen erahnen lassen, welche nichts weniger als alle meine Studien bei Cornelia Muth beinhalten, bilden sie doch ein großes Netzwerk, was bis heute auch für mich und in mir „Baseline" ist und neue Möglichkeiten bereithält. Lückenlos, mit Jahreszahlen

---

2   Um den Rahmen dieses Beitrages nicht zu sprengen, setze ich „privat" und „beruflich" an dieser Stelle in Klammern und beziehe mich auf das Leben. Zudem, ohne die Trennung aufheben zu wollen, sind doch die Grenzen zwischen Privatem und Beruflichem fließend.

und Überschriften auf einem Labyrinth, soll diese nachhaltige Fülle dargestellt werden (2.). Schließlich formuliere ich einen der „Triebe", um im Bild des Baumwachstums zu bleiben, und skizziere am Ende meines Beitrags kurz Zusammenhänge zwischen dem „Ich und Du" und meiner heutigen, auch wissenschaftlich ausgerichteten Tätigkeit im Feld der Psychoanalyse.[3] Und wie es sich zeigt, ist der Bindestrich zwischen dem „ICH" und dem „DU" hochaktuell.

1.
Übriggeblieben vom Dialog sind ganz konkret in meinem Bücherschrank die Schriften von Martin Buber und weitere Werke dazu darüber hinaus. Aber wenn ich davon abstrahiere, stellen sich vielmehr Erinnerungen in Bildern und Gefühlen ein.

Ursprünglich sehe ich mich 2004 in der Dialoggruppe, die ich als Seminarangebot von Cornelia Muth für mein Studium wahrnehme. Es ist früher Abend, im Teilnehmerkreis nehme ich eine aufmerksame, wohlwollende Atmosphäre wahr, es ist Zeit und Raum im Mit-Sein mit Anderen zum Denken, Fragen und Antworten. Etwas Offenbartes einer Mitdialogin berührt mich und wühlt mich auf, ich fühle mich angesprochen und ich stehe (sogar) auf, um zu antworten ... und finde starke Resonanz. Ich erinnere mich, dass ich mit einem glücklichen Gefühl an diesem Abend mit dem Zug nach Hause, heimgefahren bin und ich wusste, dass ich den Dialog fortführen wollte.

2.
Die folgende Darstellung ist eher als ein Kunstwerk aus Bruchstücken zu verstehen, ohne Anspruch auf Vollständigkeit, nicht logisch, ohne ein Ende. Es wird ein Bildungsprozess in seiner Dimension anhand der besuchten Seminare bei Cornelia Muth nachvoll-

---

[3] Mein weiterführendes Studium, hin zur Approbation zur analytischen Kinder- und Jugendlichenpsychotherapeutin, absolvierte ich am Winnicott-Institut Hannover. Dort wehte(e) der Geist des gleichnamigen englischen Kinderarztes und Psychoanalytikers Donald W. Winnicott (1896–1971) und mit ihm – so möchte ich sagen – das „Ich und Du", wenn er z. B. postuliert: "There is no such thing as a baby" und meint, dass es den Säugling an sich, ohne die Mutter als Gegenüber, nicht gibt.

ziehbar gemacht, inhaltlich gefüllt mit namenhaften und weniger namenhaften Autoren, deren Werken, eigenen Beiträgen zu den Themen. Ich lasse dabei die Jahreszahlen und Überschriften fettgedruckt. Sie allein genügen für den Überblick. Der interessierte Leser kann detaillierter dem Kleingedruckten nachgehen.

Schließlich beschreibe ich abschließend (3.), inwieweit die „dialogische Praxis" von Cornelia Muth für mich persönlich, aber auch im Hinblick auf „Wissenschaft" nichts an Aktualität verloren hat.

2004 Dialogseminar, ich lese Bubers Schrift „Ich und Du" und Treffen der Martin Buber Gesellschaft, pädagogische Sektion, in Heppenheim, mit dem Thema: „Gemeinschaft und ihre Verwirklichung"; „Das echte Dritte" (von Cornelia M.) oder über die lebendig wirkende Mitte als Zwischen in gelebten, lebendigen Beziehungen der Gemeinschaft (als soziales Prinzip). „Gemeinschaft als Werkbund" – oder: warum sie am Schweigen der Dinge scheitert. (Jochen Kuhnen, in Anlehnung an Hannah Arendt), Arbeit = als Erhalt am Leben plus Erlangung des Segens, bedeutet: gemeinsame Arbeit am Zuhause, am Beheimatet-Sein, an der gemeinsamen Welt ist Eingebundensein in kosmische Zusammenhänge. Gefunden in meinen Aufzeichnungen von April 2004 zur Dialoggruppe: „Ein Gedanke: Bin ich in der Dialoggruppe anwesend – und die Seminarsituation ist ein Setting, worum ich vorher weiß, womit ich also meine Situation aktiv selbst gestalte – so trage ich in dem Moment die Verantwortung, mich dem anderen - in angemessener Form – mitzuteilen (angemessen meint: die Art und Weise, mich zu äußern. Denn kennen mich die anderen nicht, muss ich Sprache benutzen, bei Einigkeit sind oft nur ‚Nonverbalitäten' vonnöten). Denn tue ich dies nicht (also: mich dem anderen mitteilen), so hat der Mensch (hier in der Gruppe) kein Gegenüber, hat keine Chance, eine Verbindung zu schaffen. Eine Art ‚Sehnsucht' bleibt in ihm zurück, auch nach sich erfüllender Entwicklung. Ebenso hemme ich mich selbst, bin nicht in der Welt und trage nicht zum fortlaufenden Weltprozess bei, verwirre ihn viel mehr."

2004 / 2005 Körper und Geschlecht aus politik- und erziehungswissenschaftlicher Perspektive
Körper und Seele in der Theorie der Gestalttherapie (Stefan Blankertz: Psychotherapeutische Deutungen des Begriffs ›Seele‹ bei Aristoteles und Thomas von Aquin). „Body-Politics" der Neuen Frauenbewegung (Silvia Kontos: Körperpolitik – eine feministische Perspektive, Körperpolitik als kritischer Begriff und politische Praxis.) Ohne Körper läuft nix (Gabriela Naumann: Widersprüchliche Alltagserfahrungen des Körpers; Uta Ottmüller: Körpersprache, Körperarbeit und Macht). Männlichkeit – Männerkörper – Männerpolitik (Peter Döge: Männlichkeit und Politik. Ansatzpunkt und Perspektiven einer politikwissenschaftlichen Männer- und Männlichkeitsforschung; Robert W. Cornell: (aus: Der gemachte Mann:) Die Körper von Männern). Zwischen Natur und Kultur (Elisabeth Tuider: Körpereventualitäten – Der Körper als kultureller Konstruktionsschauplatz; Simone Hess: Die Entfaltung eines gefühlten Ich). Körper – Gewalt – Geschlecht: Verletzungsoffenheit und Verletzungsmächtigkeit der Geschlechter; Feministisches Engagement in der Zivilgesellschaft gegen Gewalt an Frauen. Ein Körper, den man benutzt wie ein Ding, wird allenfalls ein Ding, wird allenfalls ein gehorsamer Sklave des Ich, aber nie ein williger und feinfühliger Begleiter der Lebensmelodie. (Dore Jacobs)

2005 Labyrinth
Im Labyrinth zu Sinnen kommen (G. Scherer: Philosophie als Grundlagenliteratur mit Kap. 4) Wie kommt man in die Philosophie? Als Pädagogik im Sinne von Mäeutik (das zu offenbaren, was du noch unbewusst und in dir schlummernd selber wissen willst), entstehend aus Seins-Momenten im Fragen, im Staunen, in der Angst (... nicht zu wissen, ...vor dem Nichts, ...vor der eigenen Existenz... – Angst als eine Art Wegweiser), im Zweifel (Gerald Hüther: Bedienungsanleitung für das menschliche Gehirn). Die radikale These des Neurobiologen lautet: es ist nicht nur das Bewusstsein oder unser Geist, die unser Handeln lenken, sondern unsere Erfahrungen. Erfahrungen machen wir in der Interaktion. Unser Gehirn ist ein Sozialorgan. Ich werde in der Interaktion. Angst und frühkindliche Entwicklungsprozesse, Vertrauen und emotionales

Gleichgewicht: Vertrauen in die eigenen Fähigkeiten, Vertrauen in die Fähigkeiten anderer, Vertrauen in Glauben, vorgestellte Kräfte und innere Leitbilder. Labyrinthbegehung (Hannover / Eilenriede „das Rad"): meditiere beim Durchgang durch das Labyrinth die Frage: Was gehört zu meinem Leben und was ist aufgesetzt? Im Labyrinth erfährt man die Wende, Einführung als ein Sich-Einlassen, durch Wendungen geschieht Wandel und Verwandlung, begleitet von sich wundern und sich verwundern, der Mittelpunkt als Wende ist Endpunkt einer Bewegung und Anfangspunkt einer anderen Bewegung zugleich, symbolisiert die Krise als Chance. Labyrinthische Bewegung kennt keinen geradlinigen „Fortschritt", die Annäherung an das „Ziel" ist indirekt. Das Labyrinth hat seine eigene Zeit. Labyrinthische Bewegung ist rhythmischer Wechsel. Das Labyrinth ist das Irreguläre im Regulären, und umgekehrt. Das Labyrinth inszeniert Unübersichtlichkeit. Labyrinthbewegung ist zentrierend und exzentrisch. Das Labyrinth fordert heraus. Das Labyrinth fragt … nach dem Selbst und der Identität: Wer bin ich eigentlich? und antwortet nicht mit einer Antwort, sondern ist selbst ein Fragezeichen, ist unfertig, aber es führt und hält in den Fragen.

2005 / 2006 Transkulturelle Pädagogik
Erkenntnistheorie und transkulturelle Pädagogik: Was ist eine pädagogische Interaktion? Was ist Bildung? Dialogphilosophie als soziale Philosophie: Dialogübungen; die fünf Lernebenen nach Reifarth; Sozialisation, Kultur und Religion: In welcher Gesellschaft lebe ich/leben wir? Anthropologische Grundbegriffe: Wer ist der Mensch? dialogisches Elternseminar: Übungen mit Johannes Schopp, Jugendamt Dortmund: Was ist Erziehung? Vertiefung und Anwendung der Lektüre „Erziehung als Nicht-Tun bei Martin Buber und Thich Nhat Han"; Nihilismus und Psychologisierung; Thich Nhat Han und buddhistische Erziehung; Martin Buber und jüdische Erziehung; Verantwortung und Selbsterziehung; Anregungen zur Selbsterziehung; was macht eine pädagogische Evaluation aus?

2006 Lernen lernen (Enno Schmitz: Erwachsenenbildung und Lebenswelt)
Nachhaltiges Lernen ist individuell und subjektiv. Wer bin ich? Wissenschaftlerinnen und Studentinnen im Dialog mit ihrer Körpersozialisation. Was kann ich? Was tue ich? Was bin ich? (John Dewey: Demokratie und Erziehung) Lernen aus Erfahrung. Umfassung (Buber). (Oskar Negt: Soziologische Phantasie und exemplarisches Lernen) Soziale Schichtzugehörigkeit und exemplarisches Lernen. (Gregory Bateson: Ökologie des Geistes. Lernebenen) (Ernst Glaserfeld: Konstruktion der Wirklichkeit und des Begriffs der Objektivität) Was trage ich nicht nur zu meinem Glück, sondern auch zu meinem Scheitern bei? (Arnold Beisser: Wozu brauche ich Flügel) Du musst werden, wer du bist. Veränderung findet nur statt, wenn ich die werde, die ich bin. (Eva Koch-Klenske: Die Töchter der Emanzen. Wer bin ich als Frau?; Dietlind Fischer, Barbara Friebertshäuser, Elke Kleinau: Neues Lehren und Lernen an der Hochschule. Einblicke und Ausblicke) Mut, Verantwortung, Dialog, Auseinandersetzung. (Christina Thürmer-Rohr: Neugier und Askese) Wissenschaft ist tot. (Gerald Hüther: Bedienungsanleitung für ein Gehirn). Achtsam-Haltung sich selbst und anderen gegenüber. (Olaf Axel Burow: Die Individualisierungsfalle) Lernen findet nicht alleine statt.

2006 Buddhismus
Buddhismus als mögliche Erweiterung der Erkenntnismethode von (eigener) Leidbefreiung: Denn: „der Mensch kann sich selbst nicht entfliehen" (Goethe), Leiderkennung, Leidakzeptanz (mit Irmentraud Schlaffer: Buddhismus für den Alltag).

2006 / 2007 Candide / Globalisierung (Wolfgang Hantel Quitmann: Die Globalisierung der Intimität. Die Zukunft intimer Beziehungen im Zeitalter der Globalisierung)
Voltaire als Aufklärer: Nur allein durch Denken werden wir uns nicht befreien / emanzipieren können, es gibt auch noch die Gefühle und den Körper. Akkomodation und Assimilation. Was macht / wie wirkt Globalisierung auf mich? Bevormundung durch

Zensur und Kirche: Wem glaube ich, wer sagt mir, was wichtig / richtig ist? Freundschaft, Intimität, Familie, Erziehende.

2006 / 2007 Nietzsche

Fröhliche Wissenschaft Seins-Machtspiele, Dichotomien, Rollenverteilung, Objektivität und Wahrheit, Ich-Ideale als Überforderung, Wertesysteme und Regeln als Garanten, Scham, Grenzen der Vernunft erkennen, eigenes Denken, unser Denken bestimmt unser Handeln, Menschenbilder und Typologien. Buber: Schreibe nur das, was du mitteilen willst. Schreibe so, dass es mitgeteilt wird. Entdecken der eigenen Seinsmacht – die Kraft, selber etwas entscheiden zu können, die Kraft, die mir niemand nehmen kann, die Kraft, die mir aber auch niemand geben kann.

2007 Kopfbewohner

Analyse / (selbst)reflexiver Prozesse beim Verfertigen von Diplomarbeiten. (Pflichtlektüre: Mary McClure: Kopfbewohner oder: Wer bestimmt dein Denken?)

2007 Phänomenologie und Maurice Merleau-Ponty

Wir Menschen sind durch den Leib mit der Welt und den anderen Menschen verbunden. Das existenzielle a priori, das Sein, kommt vor dem Denken. Ich bin da, also denke ich. Denken ist Teil des Seins von Leben und steht im Kontext vom „Zur-Welt-Sein". Es gibt eine Vorgegebenheit des Leibes, Vorerfahrungen sind im Leib verankert. Mit und durch meinen Leib nehme ich wahr, werde gewahr. Es gibt eine Differenz aufgrund unterschiedlicher biografischer Erfahrungen: Es gibt eine grundsätzliche Andersheit des anderen! Wahrnehmen ist subjektiv und prozesshaft. (Paul Watzlawick: Axiome: menschliche Kommunikation)

2008 Diplomarbeit

Menschenbild und Leiblichkeit. Eine philosophisch-anthropologische Studie nach der Phänomenologie Merleau-Pontys; erscheint 2009 als Buch.

2020 Der Gegenwartsmoment
Veränderungsprozesse in Psychoanalyse, Psychotherapie und Alltag (von Daniel Stern amerik. Psychiater und Psychoanalytiker, Säuglingsforscher und Entwicklungspsychologe oder) das Zwischen – existentielle Praxis und Wahrnehmungsmodus in Psychoanalyse, Psychotherapie und Alltag (frei nach Cornelia Muth).

3.
Auch wenn Martin Buber und das dialogische Prinzip heute nicht mehr im Fokus meiner Betrachtungen und Überlegungen stehen, so bildet „es" doch so etwas wie eine in mir zugrunde gelegte Gestimmtheit in meinem Zur-Welt-Sein. Mein heutiger Ausgangspunkt bildet der Fokus von Daniel Sterns (und meinem) Interesse und betrifft

> „… die kleinen, flüchtigen Ereignisse, aus denen sich unsere Erfahrungswelt aufbaut. Dabei interessieren mich vor allem jene Augenblicke, in denen wir uns dieser Momente gewahr werden und sie mit einem anderen Menschen teilen. Diese gelebten Erfahrungen erweisen sich in einer Psychotherapie als zentrale Momente der Veränderung und in unseren intimen Alltagsbeziehungen als Dreh- und Angelpunkte" (aus: Stern, D.: der Gegenwartsmoment).

Stern unterzieht den Gegenwartsmoment mehrfacher Betrachtungen, untersucht und erforscht ihn. Zum Beispiel unterscheidet Stern zwischen Chronos und Kairos und bestimmt die Dauer des „Jetzt", stellt die Bedeutung der Zeitkontur und der Vitalitätseffekte im „Jetzt" heraus, untersucht die Bedeutung des Gegenwartsmoments in verschiedenen Kontexten, wie etwa der intersubjektiven Matrix, des impliziten Wissen, des intersubjektiven Bewusstseins usw., weil

> „[d]iese Begegnungen (…) genau das (sind, SS), worum es in der Psychotherapie zumeist geht. In ihnen sind die Ereignisse eingebettet, die unser Leben verändern und sich in den Erinnerungen niederschlagen, die die Geschichte unserer persönlichen Beziehungen ausmachen. Infolgedessen bilden die Momente der intersubjektiven Begegnung einen Kontext, der für unsere Untersuchung ausgesprochen relevant ist." (Stern, S. 88).

Als analytische Kinder- und Jugendlichenpsychotherapeutin habe ich als Autorin in dem Tagungsband „There is no such thing as a

Baby" – zur gegenwärtigen Bedeutung der frühkindlichen Entwicklung im Anschluss an D.W. Winnicott (2019: Psychosozial-Verlag, HG. Ulrich A. Müller) mitwirken dürfen. In der Reflexion meiner dargestellten Eltern-Säuglings-Kleinkind-Psychotherapie habe ich m.E. auf das Phänomen des Gegenwartsmoments verwiesen (im Übrigen ohne Sterns Ausführungen zu diesem Zeitpunkt zu kennen) – oder, um mit Buber respektive Cornelia Muth zu sprechen – auf die „Begegnung im Zwischen".

Cornelia Muth begreift und benennt das Zwischen sowohl als „existenzielle Praxis" als auch als ein Begriff für einen Wahrnehmungsmodus und führt Folgendes dazu aus:

> „Das Zwischen ist sowohl existenzielle Praxis als auch Begriff für einen Wahrnehmungsmodus. Das Zwischen hat demnach zwei Seiten: die eine zeigt sich im Dialog, die andere im Denken, Erfahren und Sprechen. Die erste steht für die dialogische Seite, die andere betrachte ich als phänomenologische. Dialogisch heißt, dass mein Sein immer ein Mit-Sein mit anderen Menschen ist; phänomenologisch bedeutet, dass ich mir leibhaftig bewusst werde, in welchem Modus ich die Welt und meine Mitmenschen wahrnehme" (aus Muth, C: Das Zwischen, 2015).

Die fundamentale Bedeutung des Zwischen für meine psychotherapeutische Praxis – vor dem Hintergrund meiner Erfahrungen mit dem dialogischen Prinzip – lege ich in dem o.a. Buchbeitrag dar. Diesem liegt meine fortgeführte, aktuelle Auseinandersetzung mit dem Gegenwartsmoment von Daniel Stern zugrunde, welches wiederum

> „… eine neue metapsychologische Kategorie und eine Methode der Interaktionsanalyse der Psychoanalyse und der Alltagspsychologie zu Grunde leg(t) und als Theorie intersubjektiver Verständigungsprozesse postulier(t)."

Erstes Schlusswort

Gerahmt und begründet, besser noch: intuitiv ermöglicht wird mein Interesse an all diesen Phänomenen durch den erlebten Dialog, ermöglicht, gerahmt und vermittelt durch die gelebten (Lehr- und Leer-) Erfahrungen mit, in und durch Cornelia Muth und den Teilnehmer*innen als Antwortende im Dialog. Nichts Geringeres.

WAS BLEIBT VOM DIALOG?

Martin Buber sagt:

> „Ich habe den fatalen Fehler begangen, Ethos zu unterrichten, und was ich sagte, wird als gangbare Kenntnismünze aufgenommen, nichts davon verwandelt sich in Substanz, die den Charakter aufbaut"(„Über Charaktererziehung" in „Reden über Erziehung", S. 67).

Nicht so bei Cornelia Muth, wie das Vorangeschriebene zeigen sollte, und eben deshalb lautet die Antwort auf die Frage: Was ist übrig vom Dialog? Alles ist da.

Abschließen und umfassen möchte ich meinen Beitrag mit einem Zitat von Martin Buber:

> „Geist und Seele sind beide gleichsam Beziehungsflächen, beide nicht ichhaft zu verstehen, es sind verschiedene Formen der Beziehung in ihrer Abgezogenheit auf das Ich betrachtet. Seele ist aus der Beziehung zu verstehen zwischen Mensch und Welt, Geist aus der Beziehung zwischen Mensch und dem, was nicht Welt ist, zwischen Mensch und dem Sein, das nicht welthaft erscheint, das nicht in der welthaften Erscheinung aufgeht. – Beides aber, Seele und Geist, sind nicht aus dem isolierten Einzelnen zu verstehen, nicht ichhaft zu verstehen, nur aus der Beziehung zwischen Ich und welthaftem oder nicht welthaftem Sein. Beiden eigentümlich ist die Dynamik, d.h., daß sie in einer anhaltenden, sich entwickelnden Doppelbewegung stehen, in der Entfaltung oder Verwirklichung der Beziehung und in dem Sich-zurückziehen oder Zurückgezogen-werden des Ich aus der Beziehung (der Geist ist darin verschieden von der Seele, daß Geist hinweist auf etwas, woraus er stammt, hinweist darauf, daß sich immer wieder etwas neu erhebt, was von je in einer nicht individuierten, unbedingten Weise besteht. Das ist zu zart, um mehr darüber sagen zu können.) - Damit ist die Ichhaftigkeit der Seele gebrochen: sowie die Seele ichhaft aufgefaßt wird, wird sie schon in Ablösung aufgefaßt, in Abstraktion, nicht in der vollen Existenz" (Buber 1923 a, Von der Verseelung der Welt. Unveröffentlichter Entwurf. In: Buber 1965, S. 138).

_____Gedankenstrich_____

Was bleibt, ist Geworden zu sein

Anna Goedecke und Nicole Pankoke

Die Frage nach dem „Was bleibt?" ist auch immer eine Frage nach dem „Was ist geblieben aus dem Gewordenen?". Das *wir*[1] als zwei Autor*innen diesen Beitrag schreiben, zeigt, dass *uns* beiden Verbundenheit bleibt – Verbundenheit zwischen *uns* als Gewordene, die sich in diesem Artikel über das Autor*innen-Dasein ausdrückt. Die Grundlage für diese Verbundenheit wurde durch die gemeinsamen Erfahrungen der dialogischen Lehre (Cornelia Muth) und des dialogischen Prinzips (Martin Buber)[2] geschaffen.

Als ein Resultat aus der dialogischen Bildung bleibt *uns* der Handlungsspielraum, der es *uns* ermöglicht, *uns* über die Form des vorgegebenen Rahmens, nur als Einzelne einen Beitrag zu schreiben, hinwegzusetzen. Aus der Erfahrung, als Dialogteilnehmer*innen dialogische Prozesse bei Cornelia Muth mitzugestalten, resultiert Urvertrauen in *uns* selbst. Dieses Vertrauen ermöglicht es *uns, uns* von Grenzen, Kategorien und Zuschreibungen zu befreien[3] und diesen Artikel gemeinsam zu schreiben. Somit ist dieser Artikel geleitet von der Suche nach Stimmigkeit, ohne den Anspruch aufzugeben, Unstimmigkeiten zu determinieren.

---

[1] Das Wir (Anna und Nicole) gestalten wir kursiv, damit ersichtlich bleibt, das in dem *Wir* zwei Subjekte enthalten sind, hinter dem ein Aushandeln von oder Einigen über Worte steckt, die hier als Konsens aufgeführt sind. Das kursive *Wir* zeigt, was aus dem Prozess des gemeinsamen Sprechens, Denkens, Fühlens und Schreibens bleibt.

[2] Zwei Werke sind für uns von wesentlicher Bedeutung: „Ich und Du" (1983) von Martin Buber und „Erwachsenenbildung als transkulturelle Dialogik" (2011) von Cornelia Muth.

[3] Es ist uns ein Anliegen anzumerken, dass dieses Befreien lediglich in dem Moment stattfindet. Schauen wir uns doch um, wie viel sich nicht wandelt und wie häufig wir uns immer wieder neu von den gleichen Zuschreibungen befreien müssen.

ICH (Anna) und ICH (Nicole) trafen *uns* für die Entstehung dieses Artikels in Bielefeld, wo alles vor zehn Jahren begann. *Wir* wählten den dialogischen Spaziergang (vgl. Schopp 2010: 20 ff.) als Methode aus und gingen in den Teutoburger Wald. Das war der Rahmen (ICH-ES) auf den *wir uns* einigten, um in einen Raum einzutauchen, der es *uns* ermöglichte, *uns* gegenwärtig zu begegnen. Ziel dieses Spazierganges war es, *uns* zu begegnen mit der Frage „Was bleibt?" aus *unserer* Erfahrung mit Cornelia Muths dialogischer Bildung.

Dass *wir uns* bewusst um den Rahmen gekümmert haben, in dem dieser Artikel entstehen soll, ist ein Resultat aus der Auseinandersetzung mit dem ICH-DU und dem ICH-ES.

So bleibt die Erfahrung, dass es für einen Dialog Zeit und Raum braucht – geleitet durch einen Rahmen, der ein Anfang und ein Ende hat[4]. Zwischen dem Anfang und dem Ende entsteht eine Mitte, die Raum ermöglicht für ein Dazwischen, für mögliche ICH-DU-Momente.

Wir strukturieren den Text ebenso in Anfang, Dazwischen und Ende. In dem Prozess der Textentstehung begegneten *wir uns* in einem Zwischen, dass sich hier lediglich durch *unsere* Antworten zu der Frage „Was bleibt?" und durch einzelne Fußnoten[5] zeigt. Denn der Prozess und die Momente des Zwischens waren ein intensiver Aushandlungsprozess, bestimmt von gegenseitigem Zuhören, Antworten, Akzeptieren und Revidieren verschiedener Sichtweisen. Letztendlich ging es um einen Prozess des Verstehens, damit *wir unsere* jeweiligen und gemeinsamen Erfahrungsprozesse in eine Textform gießen konnten.

In dem vorliegenden Text setzen *wir* Begriffe voraus, die *wir* durch gemeinsame Erfahrungsräume und Begegnungen mit dem dialogischen Prinzip erfahren haben. Dass in diesem Artikel so wenig zitiert bzw. Begriffe erklärt werden, liegt daran, dass Begriff-

---

[4] Nicole: Das Einlassen auf Rahmen und Struktur innerhalb dialogischer Prozesse bedeutet für mich eine Versöhnung mit dem ICH-ES. Durch die Versöhnung entstand für mich eine Sensibilität für das ICH-ES.

[5] In diesem Artikel verwenden wir drei verschiedene Varianten von Fußnoten: Die eine Sorte dient dazu, explizit einen individuellen Zusatz zu unserem *Wir* zu geben. Die andere Art von Fußnote gibt uns die Möglichkeit, den Leser*innen Einblicke in unsere Prozesse zu geben, und die dritte Variante ist eine klassische Fußnotenverwendung, in der wir Inhalte weiter ausführen.

lichkeiten wie ICH-DU, ICH-ES, Prinzipien, der radikale Respekt der Anderheit usw. mit *unserem* ganzen Sein internalisiert worden sind. So ist es wichtig, an dieser Stelle darauf zu verweisen, dass die Worte Bubers und Muths dialogischer Bildung der Ursprung *unserer* jetzigen Sprache sind. *Unser* Ziel ist es, *unser* Gewordensein als das, was bleibt, zu artikulieren.

Wie oben erwähnt, begann alles mit der Idee, zu zweit zu schreiben, begann alles vor zehn Jahren oder mit der jeweiligen Suche nach einem Raum, verstehen zu wollen. Mit diesen Anfangsmöglichkeiten stellen *wir* die Frage: Wann beginnt eigentlich etwas? Wie wird etwas als ein Anfang bestimmt? Ohne eine befriedigende Antwort entschieden *wir uns* dafür, den Spaziergang als Anfang zu bestimmen, um anschließend an die Frage „Was bleibt?" anzuknüpfen[6]. Während des dialogischen Spazierganges setzten *wir uns* „dialog-phänomenologisch" (Muth/Nauerth 2010) in einen intentionalen Bezug zu *unserer* gegenwärtigen und vergangenen (Um-)Welt. So begaben *wir uns* in eine öffnende Haltung, bis der Anfang einer dialogischen Begegnung einfach entstand.

Was bleibt, ist das Wissen um die Herausforderung, das *wir* dem DU nur begegnen können, wenn das ICH sich nicht der Verschmelzung hingibt oder sich hinter der Person versteckt. Denn wenn *wir* verschmelzen, so verlieren *wir* die Möglichkeit des Kontaktes. Das Verschmelzen führt somit zum Verlust der eigenen Grenzen und gleichzeitig zum Verlust einer möglichen Berührung und Begegnung. Was durch die Erfahrung bleibt, ist das Wissen darum, dass es einer Kontaktgrenze bedarf, die sich als Gratwanderung herauskristallisiert.

Diese Gratwanderung bedeutet gleichermaßen das Ausbalancieren zwischen dem Nichtverschmelzen beider ICHs und der bewussten Grenzsetzung, die dennoch keine unüberwindbaren Mauern zwischen den ICHs erzeugt. Der Akt des Balancierens bleibt eine Gewahrwerdung eigener Grenzen und Verantwortung gegenüber meinem ICH und dem Anderen. Eine Verantwortungsüber-

---

6   Die Internetverbindung bricht immer wieder ab. Wir verfluchen in diesem Moment die Digitalität. Durch die räumliche Entfernung und die derzeitige Coronapandemie, sind wir an ein digitales Treffen gebunden. Der Raum der Textbearbeitung wird durch äußerliche Rahmenbedingungen gestört.

nahme drückt sich für *uns* zu Beginn jedes dialogischen Prozesses aus, indem *wir* immer wieder erneut *uns* selbst und Andere auffordern, aktiv zu entscheiden, ob *wir* an einem Dialog teilnehmen wollen oder nicht. Wenn *wir* an einem dialogischen Prozess teilnehmen, zeigt sich *unsere* Verantwortung unter anderem in Form unseres Handelns und Sprechens (Schweigen inbegriffen) im Dialog. Die Übernahme dieser Verantwortung ermöglichte *uns*, Methoden oder Leitfäden zur Gesprächsführung loszulassen und somit Abstand zu künstlich hergestellten Gesprächen zu gewinnen.[7] Denn während eines dialogischen Gesprächs beginnt ein gemeinsames Entwickeln von Gedanken, in welchem Ziele so wandelbar sind wie die Erkenntnisse in dem jeweils aktuellen Moment. So blieb auch in unserem Prozess für diesen Artikel der Raum, der Unsicherheiten zuließ und gleichermaßen die Suche nach Fragen eröffnete, die möglicherweise nicht gestellt worden sind.[8]

Rückblickend bleibt die Erinnerung an einen Raum, in welchem *wir unsere* gemeinsame Sprache aushandelten, damit *wir uns* in unseren radikalen Anderheiten begegnen konnten. Durch diese Momente bleibt eine Sprachsensibilität gegenüber dem Einzelnen.[9] Wie sind einzelne Worte mit Leben gefüllt oder wann sprechen *wir* lediglich Worthülsen als kultivierte Sprachversion?

Ebenso bleibt ein Ringen um Worte, die Verbindungen schaffen, die spüren lassen, was ich meine, und mein Gegenüber versteht. Eine Wahrnehmung auf nicht nur der sprachlichen Ebene bleibt, sondern auch eine Einbeziehung der geistigen, körperlichen und seelischen Ebene. So bleibt die Erfahrung, dass *unser* Denken und Fühlen sich nicht nur in Form von Sprache, sondern sich *unser* Sein auch im Schweigen ausdrückt.

Gerade in Momenten der gemeinsamen Stille fanden Begegnungen in Unsicherheiten, aber dennoch in absoluter innerer und

---

[7] Anna: An dieser Stelle ist es mir wichtig, zu sagen, dass ich Bubers Worte als sehr treffend empfinde. Nämlich den Mut zu haben, Prinzipien über Bord zu werfen: „Halte die Augen offen – das ist alles, was ich dir zu sagen habe, denn ich kann dir kein Prinzip nennen." (Buber, zit. n Muth, 2011: 7 f.)

[8] Anna: Ich möchte erwähnen, wie sehr ich fühlen konnte, wie mein eigener Körper und Geist ins Nachdenken geriet.

[9] Nicole: Jetzt bräuchte es einen Übergang, der den Leser*innen aufzeigt, wie *wir* auf die folgenden Fragen kommen.

äußerer Klarheit statt. Wichtig ist *uns* herauszustellen, dass *uns* als zwei Subjekte unterschiedliche Erfahrungen bleiben, die sich möglicherweise auch überschneiden. Aber dennoch bleibt, dass mein Weg niemals dein Weg sein wird.

Unsere Wege drücken sich durch unendlich viele Sichtweisen und Wahrheiten aus, die sich in schillernden Formen und Farben als komplexes Ganzes widerspiegeln. Dieses komplexe Ganze kann paradoxerweise widersprüchliche Wahrheiten gleichermaßen stimmig in sich aufnehmen. Wie schmerzhaft und heilend zugleich widersprüchliche Wahrheiten sein können, die alte Verletzungen eines Menschen neu berühren können, bleibt uns in lebendiger Erinnerung. Auf der Suche nach Antworten begegneten wir nicht nur dem Anderen, sondern auch uns selbst.

Die Erfahrung, durch dialogische Prozesse Heilung zu erfahren, kam daher, dass es nicht Ziel war, zwingend biografische Wunden zu heilen, obwohl *wir* möglicherweise danach Sehnsucht hatten.[10] Vielmehr entstand Heilung dadurch, dass *wir* in eigene Begegnungen mit Menschen geworfen wurden, die bereit waren, ihre Sichtweisen zu teilen und auszuhandeln.[11] Wie haben *wir* doch Wachstum erfahren, dadurch, dass *wir* von Herzen sprachen und *unsere* vermeintlichen Schwächen nicht verstecken brauchten. Rückblickend können *wir* festhalten: Mit Offenheit und Ehrlichkeit versuchten *wir* zu verstehen und somit begegneten *wir uns* in einem dialogischen Bildungsprozess, für den *wir* dankbar sind.

Auf der Suche nach Antworten zu der Frage „Was bleibt?" befinden *wir uns* mit diesem Abschnitt des Artikels am Ende. Somit eröffnen *wir* einen Raum mit Fragen zum Abschluss.[12] Wie beenden *wir* einen dialogischen Moment? Wie nimmt das jeweilige Subjekt das Ende eines Dialoges wahr, wenn sie sich begegnet sind? Kann mein Ende auch dein Ende sein? Ohne Antworten auf diese Fragen

---

[10] Muth: „Das hier ist keine Therapie!" (Erinnerungsmemo)
[11] Wenn in tiefen Prozessen Schmerz, Verletzlichkeit oder eine mögliche Schwere von Gedanken auftauchten, brachte uns des Öfteren der Humor eine Leichtigkeit zurück.
[12] Anna: Dieser Übergang könnte eigentlich weg, da wir die Fragen im Nachfolgenden ja eh schon stellen und die Leser*innen so in unsere Gedankenwelt mitnehmen.

zu haben, begeben *wir uns* auf die Suche nach einem gemeinsamen Ende. So beginnen *wir* das Ende – das *uns* diesem Artikel gebührend erscheint –, indem wir mit einer Anekdote einleiten.

Dafür vergegenwärtigen wir uns noch einmal die Seminare bei Cornelia Muth. Denn ein wesentlicher und routinierter Bestandteil war das Ende einer jeden Seminareinheit. Wie oft verließ Cornelia Muth den Seminarraum „auf die Minute genau", indem sie ihre uns bekannte Arzttasche nahm und blitzschnell verschwand. Der Eindruck des Hinaussausens kam allein daher, dass *wir* doch in tiefen Denk- und Werdensprozessen steckten, die *uns* als Teilnehmende die Zeit vergessen ließ.

Ein sanftes Ausklingen war oft durch mangelnde Zeit nicht gegeben und es bleibt die Erinnerung an einen Moment der Sprachlosigkeit durch einen abrupten Abschluss. *Wir* mussten in diesem Moment mit dem Verlust des beendeten Dialoges sowie mit dem Verlust, keine Worte mehr sprechen zu können, umgehen. Ebenso mussten *wir* mitunter einen Schmerz aushalten, dass in vergangener Begegnung nicht alles gesagt und erfasst werden konnte.

Durch diese Art und Weise des Hinausgehens wurden *wir* auf *uns* selbst zurückgeworfen. Nicht allzu selten erlebten *wir* eine Konfrontation mit *uns* selbst durch den spürbaren Moment des Seminarendes. Denn jede*r Einzelne blieb doch nach dieser intensiven Erfahrung des Miteinanders alleine. Fragen nach dem „Und jetzt?" und wie *wir* den Raum mit *uns* selbst ausfüllen sollten blieben. So kommen *wir* zu dem Schluss, dass mein Abschluss niemals dein Abschluss ist. *Wir* spüren noch heute, wie das Zurückgeworfen-Werden auf *unser* eigenes Ich ein höchst einzigartiger Prozess war, der über die Rahmensetzung hinausging.

Das, was blieb, war, dass *wir uns* gegenüber *uns* selbst in Verantwortung spürten. Die dialogische Bildung hat *unsere* Werdensprozesse also nicht nur innerhalb der Seminareinheiten gebildet, sondern intensivste Gespräche nach den Seminaren prägten *uns* darüber hinaus[13]. Mit dem Gehen von Cornelia Muth begannen Re-

---

[13] Anna: Ein weiterer Aspekt des Abschlusses ist das Gefühl des Ausgelaugt- und Erschöpft-Seins nach einer intensiven Begegnung, die körperlich spürbar war.

flexionsprozesse unter *uns* Teilnehmer*innen[14], die eine Bildungserfahrung auf anderthalb Stunden nicht reduzieren lässt. Es bleibt die Erfahrung, dass Cornelia Muth einen Denkprozess sowohl im Dialog als vielmehr auch nach Abschluss des Dialoges in *uns* angeregt hat.

„Ich werde am Du" (Buber 1983: 11) bleibt *uns* durch Muths dialogische Bildung als ein vergangenes Erlebnis und wird bis heute mitgedacht. Jedes Gewordensein bedeutet eine Veränderung des vorherigen Seins und somit bleibt die Voraussetzung jeder darauffolgenden Begegnung, dass *wir* den gewordenen Menschen neu wahrnehmen müssen. Die daraus resultierende Erfahrung bewahrt *uns* eine offene Grundhaltung für *unsere* zukünftigen Werdensprozesse.

Doch ist das alles, was ICH (Nicole) und ICH (Anna) zum Abschluss sagen wollen? Wie verlassen *wir* nun den Raum des Schreibens und beenden diesen Artikel? Auch *wir* könnten hier einen Punkt machen und den Raum verlassen, aber da liegen noch Erinnerungen und Erfahrungen auf *unserer* Seele, die erzählt und gehört werden wollen. Denn letzten Endes wollen *wir* noch einen Raum für diese Erinnerungen und Erfahrungen geben, sei es, um sie auf einen Punkt zu bringen oder um Nichtgesagtem ebenso Ausdruck zu verleihen. Denn *wir* wollen den Verlust über Nichtgesagtes nicht akzeptieren.

Literaturverzeichnis

Buber, M. (1983): Ich und Du. Verlag Lambert Schneider GmbH.

Muth, C. (2011): Erwachsenenbildung als transkulturelle Dialogik. Wochenschau Verlag.

Muth, C./A. Nauerth (2010): Vertrauen gegen Aggression: Das dialogische Prinzip als Mittel der Gewaltprävention. Wochenschau Verlag.

Schopp, J. (2010): Eltern Stärken. Die Dialogische Haltung in Seminar und Beratung. Verlag Barbara Budrich.

---

[14] Es bleibt ebenso eine Verbundenheit mit den anderen Studierenden, die sich ebenfalls auf den Weg machten. Dieser Aspekt bekommt eine weitere Fußnote, da wir uns als Autor*innen nicht einig sind, an welcher Stelle des Textes dieser Punkt stehen soll.

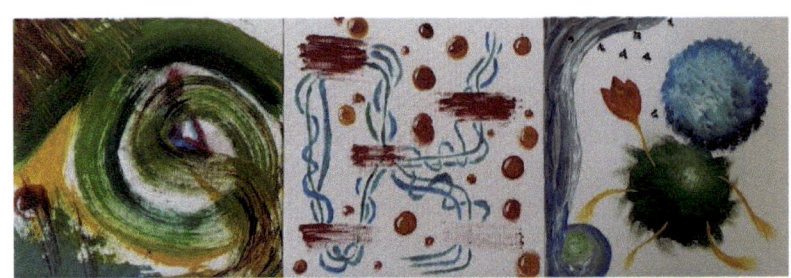

Was bleibt. © 2021 by Nicole Pankoke, Ines Wagner und Anna Goedecke.

Was bleibt vom Dialog?

Gabi Deiters

Ich habe Martin Buber und die Dialogphilosophie vor ca. 18 Jahren in Cornelia Muths Seminaren kennengelernt. Was davon geblieben ist, ist ein erweitertes dialogisches Bewusstsein. Vor meinem Studium und der Bekanntschaft mit M. Buber und C. Muth war ich wahrscheinlich kein anderer Mensch, aber ich wusste weniger ...

Ich setze mich seitdem viel mehr und vor allem bewusster mit der eigenen Haltung, Einstellungen und dem Zwischenmenschlichen auseinander. Vieles wurde klarer und transparenter. Überall dort, wo wir auf Menschen treffen, ist das Dialogische. Ich erlebe bewusst Begegnungen, die besondere, intensive Momente sein können – oft sind. Im Alltag, bei der Arbeit (Psychiatrie), mit der Familie, Kindern und Ehemann, mit Unbekannten und beim Einkaufen mit Gesichtern, die mit einem Mundschutz bedeckt sind.

Wenn der Dialog im Studium noch oder auch Theorie aus Seminaren oder Büchern war – wobei mit einem leibhaftigen dialogischen Vorbild in Cornelia Muth – ist doch viel davon geblieben und noch mehr daraus erwachsen: Die stete Auseinandersetzung mit dem eigenen So-Sein. Die Begegnung und der Kontakt mit Menschen ist erfahrbarer und nahbarer geworden. Jeden Tag aufs Neue hilft es mir, mich auf das Dialogische zu besinnen. Ich hinterfrage und beobachte mich mehr.

Ich achte mehr auf Begebenheiten, auf Menschen – was ich vorher auch getan habe, aber ich lebe bewusster in und mit dem Dialog. Jeden Tag geschehen, bewusst herbeigeführt oder einfach so spontan, ganz wertvolle dialogische Momente. Vielleicht hätte ich früher nicht so genau hingeschaut. Aber heute haben sie Gewicht, diese wertvollen Momente. Deshalb bin ich sehr dankbar für den Start oder die Einführung in die dialogische Reisebegleitung durch das Leben.

Wenn man es schafft, Menschen so anzunehmen, wie sie sind, mit allem, was sie mitbringen, wie sie wirklich sind, und mit ihnen in Beziehung tritt, kann es für das Selbst und das Gegenüber sehr bedeutsam sein. Menschen auf diese Art zu begegnen, ist für mich eine erstrebenswerte soziale Kompetenz: Nämlich eine positive, unvoreingenommene und bejahende Haltung Menschen gegenüber zu haben. Ganz gleich, wie Begegnung stattfindet, mit Freunden, im Verein, in der Familie, mit Fremden, im Arbeitsleben, in der Politik (?), im Urlaub, und egal wo auf dieser Erde.

Dialogische Begegnung ist immer beidseitig. Wenn die Begegnung auch nur von einer Seite aktiv begonnen wird, kann es schon sein, dass die andere Seite mitschwingt und sich nicht entziehen kann. Solche Begegnungen – hier bezogen auf den Arbeitsplatz – können längerfristig Bewegung bedeuten. Ich spreche von Menschen, die z. T. seit Jahrzehnten chronisch psychisch erkrankt sind und mit mehr oder weniger Einbußen leben müssen. Pausenloses Stimmenhören, wenig Hoffnung, dass sich je etwas ändert, Wahnideen, Leben mit der Stigmatisierung „behinderter Mensch", Verrücktheiten, die andere auch noch sehen ... Menschen, denen es häufig oder dauerhaft psychisch schlecht geht, die – in Bezug auf den Dialog in Gesprächen – kurze Aufmerksamkeitsspannen haben und sich wenig konzentrieren können. Menschen, die kaum soziale Kontakte haben, außer den „Betreuern" und psychisch kranken Mitbewohnern. Menschen, denen es schwerfällt, sich auf jemand anderen einzulassen und sich überhaupt einer anderen Person zu öffnen oder offen gegenüber zu sein. Gerade dort sind dialogische Begegnungen wunderbar.

Wenn langer Blickkontakt stattfindet und gehalten werden kann, wenn zugehört wird, geschwiegen werden kann und der jeweils Andere so angenommen wird. Wenn wirklich alle eventuellen Zuschreibungen und Befürchtungen (wie werde ich gesehen) fallen und einfach nicht präsent sind. „Ich bin bei dir, wie du bist, wie du gerade bist. Auch mit deinen Todeswünschen." Wenn Akzeptanz, Verständnis und wahres Dasein und Interesse an meinem Gegenüber geschieht, meine ich, kann ein Zugang ermöglicht werden. Wenn mein Gegenüber sich ernst genommen und verstanden fühlt. Denn dort, wo ich mich verstanden fühle, mein Gegenüber bei mir ist und mir Zeit und Aufmerksamkeit schenkt, wird Vertrauen geweckt. Wenn ein Mensch vertraut, ist das die Basis, sich selbst trauen zu können und somit kann Bewegung und Veränderung – auch noch die kleinste – ermöglicht werden. Ich begreife es als Geschenk, wenn dies geschieht.

Dadurch wird die Psyche zwar leider nicht gesund, aber es können Unternehmungen gewagt werden, um besser mit der Erkrankung umzugehen und in kleinsten Teilen das Leben etwas weniger negativ zu sehen oder es sogar positiver und lebenswerter zu gestalten. Ich erlebe auch häufig Ohnmacht bei mir selbst, wenn z. B. gar nichts an der Situation des Klienten geändert werden kann, dem es so furchtbar schlecht geht. Stillstand. Nichts oder wenig an seiner Situation wird besser oder anders. Lernprozesse und Lebensentwicklungen stagnieren. Wie weit reicht da der Dialog? Meine dialogische Haltung? Bewirkt sie (wirklich) etwas? Wie gehe ich damit um, immer wieder an Grenzen zu stoßen? Die Motivation und Energie nicht zu verlieren? Und die Hoffnung – wenn mein Klient sie vielleicht schon verloren hat?

Ich denke, mir bleibt, mit meinem Wesen (mit Fröhlichkeit, Lebenslust, Offenheit und Zugewandtheit) immer wieder in Kontakt zu treten und wahrhaft bei meinem Gegenüber zu sein. Aber natürlich bleibt am Ende die Frage danach, inwieweit Menschen fähig und in der Lage und vor allem gewillt sind, sich zu wandeln. Verhalten oder Ansichten zu ändern, etwas anders zu machen. Sich locken zu lassen, mutig zu sein und schöpferische Kräfte zu entfalten. Ich wünsche mir so oft, dass Klienten loslassen können von gefestigten, alten, krankheitsaufrechterhaltenden Einstellungen und Ansichten und von Negativismus und Verschlossenheit. Aber bekanntermaßen bietet das Altbekannte auch Sicherheit.

Und Neues kann Angst und Unsicherheit erzeugen. Eine berechtigte Frage ist demnach, warum sich jemand plötzlich hinterfragen oder umdenken und Konfrontation und Konflikt eingehen sollte. Wobei ich auch erlebe, dass manche Änderung unbewusst passiert – ohne bewusste Herbeiführung. Vielleicht durch zwischenmenschliche Lebendigkeit und die Wirkung des anderen auf das Selbst. Durch unbewusste Übertragung.

Wenn ich nicht nur an Klienten, sondern auch an die KollegInnen und das Teamgeschehen denke, ist die dialogische Distanzhaltung eine ganz fruchtbare und geschätzte Kompetenz. Ich habe das große Glück, in einem kleinen Team mit sechs großartigen individuellen Anderheiten arbeiten zu dürfen. Die Atmosphäre in diesem Team ist geprägt durch Akzeptanz und hohe Wertschätzung. Das Engagement sowohl für die Klienten als auch beim Diensttausch und die Achtsamkeit für die KollegInnen ist sehr hoch. Aber auch hier gibt es – und wer kennt das nicht – Meinungsverschiedenheiten und hitzige Diskussionen. Und zwar jede/r auf seine /ihre typische Art, in ihrem/seinen So-Sein. Emotional, von sich aus bedacht, stark für seine Klienten einsetzend, Grenzen ziehend, abwehrend. Ich habe häufig beobachtet, wie enorm fruchtbar und deeskalierend es wirkt, wenn eine dialogische Seite hinzukommt; wenn die Diskussion ganz ruhig gestoppt wird, alle Beiträge benannt und verstanden werden und ihre Berechtigung finden.

Wenn alles noch einmal zusammengefasst wird und das Riesenthema plötzlich auf ein kleines reduziert werden kann. Es benötigt Ruhe und Besonnenheit, um alle Beteiligten so anzunehmen, keinen auszuschließen und wohlwollend zum Punkt zu kommen. Es ist großartig, wenn es jemanden gibt, der in dieser Hitzigkeit und Emotionalität seine eigenen Emotionen zurückstellen kann und sachlich und ruhig agiert und jedem Einzelnen begegnet und ihn hört. Es gibt keine Kränkungen oder sich missverstanden oder sich nicht gehört fühlen, sondern es kann ein für alle Beteiligten zufriedenstellendes Ergebnis erzielt werden.

Sich selbst in solchen Momenten zu verlassen, zu beobachten und distanziert, aber wahrhaft ins Gespräch zu gehen, ist meines Erachtens eine große Fähigkeit. Gerade in kleinen Teams oder Gruppen, die täglich eng zusammenarbeiten, ist dies eine Herausforderung, aber auch ein schätzenswertes Lernfeld. Immer wieder. Und auch hier sind dialogische Begegnungen fruchtbar und bringen Bewegung und Veränderung. Wenn ich mich im Team verstanden, wertgeschätzt, gehört und unterstützt fühle, ist mein Engagement und meine Zufriedenheit wahrscheinlich höher, als wenn ich übergangen werde und meine Ansichten nicht gehört oder nicht ernst genommen werden. Und da wir alle glücklicherweise Individuen, Anderheiten und sehr unterschiedliche Menschen sind, kann es durchaus sein, dass dieselben Dinge immer wieder neu besprochen werden wollen, obwohl das Ergebnis doch bereits klar war. Es erfordert immer wieder Energie, Durchhaltevermögen, Ruhe, ein In-sich-gekehrt-Sein und Besonnenheit, Verständnis und ein Bei-dem-Anderen-Sein.

Es ist auch so, wenn ich mit Klienten immer wieder bei null beginne, obwohl wir doch schon weiter waren und Entwicklung stattgefunden hatte – meiner Meinung nach. Es ist auch hier durchaus anstrengend und mühevoll, dialogisch zu bleiben. Aber gehört es nicht auch dazu, wahrhaft enttäuscht zu sein, sich kurz zu ärgern und kurz nicht verständnisvoll zu sein? Auch das kann einen Effekt haben: Grenzen klar zu formulieren und anzusprechen. Was geschieht in solchen Situationen? Ich hoffe immer auf die Beziehung und den Effekt des gesprochenen Wortes und die Änderbarkeit in dialogischen Begegnungen.

Gedanklich führt mich diese Überlegung direkt weiter zu dialogischen Möglichkeiten und Unmöglichkeiten im Familienleben mit zwei Kindern (8 und 4 Jahre alt). So sehr ich meine Kinder genau so schätze, wie sie sind und sie als vollwertige Persönlichkeiten annehme, verstehen wir uns oft einfach nicht richtig. Es wird zu viel (Mama) oder zu wenig gesprochen (Joshua, Erik) und im Zweifel etwas erwartet, das der jeweils andere nicht einsehen kann. Dann kommen die Dickköpfe ins Spiel. Es kann zu Wortgefechten kommen, zu Bestrafungen („Du darfst nicht in mein Zimmer kommen" und „Du darfst nicht mehr fernsehen"). Aber wir sind auch einfach „nur" Menschen mit Emotionalität und einem Geduldsfaden, der je nach eigenem Befinden mal länger und mal kürzer ist.

Dennoch frage ich mich in solchen Momenten oft, wo mein Verständnis, meine Ruhe und meine Distanz geblieben sind. Ich frage mich, wie dialogisch ich wirklich bin, wenn ich mir gerade selbst dabei zusehe, wie ich mich den Kindern gegenüber geradezu undialogisch verhalte und handle. (Vorhin mit dem Klienten ging es doch noch.) Das Gefühl ist sehr gut, wenn ich mit den Kindern nach spätestens fünf Minuten wieder nah bin, wir aufeinander zugehen können und Wut und Unverständnis abgeklungen sind.

Ich glaube, dass ein Mensch gar nicht immer ruhig, offen und empathisch sein kann und sich nur auf den Anderen konzentrieren oder bei ihm sein kann. Ob ich eine Dozentin, eine Politikerin, ein im pädagogischen Bereich tätiger Mensch bin, ein Altenpfleger, ein Vater und unzählige andere ...

Sicherlich gibt es Unterschiede im Dialog, je nachdem, wo ich mich bewege: bei der Arbeit oder z. B. im privaten Umfeld. Im fachlichen Rahmen besinne ich mich anders auf fachliche Gespräche und Begegnung als daheim. Dennoch, meine ich, gibt es keinen Unterschied in der Wahrhaftigkeit der Begegnung, der Akzeptanz und dem Annehmen des Anderen.

Im Arbeitsleben gibt es mehr emotionalen Abstand zu meinem Gegenüber. Anders als zuhause, wo mein Kind permanent Aufmerksamkeit einfordert, immer lauter werdend dreizehn Mal nacheinander „Mama" ruft, weil es mir dringend etwas Gemaltes oder Gebautes zeigen muss. Ich denke, dass gerade in der Kindererziehung, dem Zusammenleben mit Kindern, dialogische Kompetenzen gefragt und unablässig eingefordert werden.

Ein Beispiel:
Mein Sohn (4 Jahre alt) hatte neulich einen Freund zu Besuch. Es wurde sich verabschiedet, der Freund wurde abgeholt. Meinem Sohn fiel nach drei Minuten ein, dass er seinem Freund ein fünftes Mal Tschüss sagen wollte. Der Freund war natürlich schon weg. Mein Sohn tobte, schrie und lief weinend in Unterhose zur Straße. Es ist gerade unmöglich, mit ihm zu reden. „Rumpelstilzchen" hüpft und tobt am Carport weiter.

Ich lasse ihn toben. Nach sieben Minuten sitzen wir in drei Metern Abstand auf dem Boden im Carport. Irgendwann darf ich näher an ihn heran rutschen, ohne dass er weg rutscht. Es kostet mich viel Überwindung, das Kind genau so sein zu lassen, tobend und bei 17°C in Unterhose draußen. Aber die Ruhe zu bewahren, mich zu ihm zu setzen, zu schweigen, abzuwarten und ihm seine Zeit zu lassen, war scheinbar eine gute Idee und der richtige Weg in diesem Moment. Ich durfte ihn dann drücken, er kam mit ins Haus und rief seinen Freund an, um noch einmal Tschüss zu sagen. Das war im Nachhinein ein bemerkenswerter und intensiver Moment. Einfach mal nicht zu reden oder zu maßregeln, sondern nur da zu sein.

Da ist mir wieder einmal bewusst geworden, dass innere Ruhe, Achtsamkeit, Sich-Besinnen und beim Anderen sein wichtige dialogische Elemente sind. Ebenso, dass es zu einem Gespräch, zu einer Begegnung kein Wort braucht, um sich zu verstehen. Selbst mit Vierjährigen. Ich behaupte, dass in der Kindererziehung nicht nur dialogische Kompetenzen gefordert werden – sondern zuweilen (ich denke da an meinen Sohn) das gesamte dialogphilosophische Paket.

Überall dort, wo Menschen miteinander umgehen, sollte, müsste, wäre es absolut wünschens- und erstrebenswert, dass dort Akzeptanz, Offenheit, Verständnis und ein Bejahen des Gegenübers geschehen. Das wahrhaft Dialogische. Das dialogische Zwischenmenschliche, die Begegnungen, bedeuten für mich persönliches Wachstum. Immer wieder. Und mit jeder Begegnung neu. Jedem Menschen gegenüber eine positive Grundeinstellung zu haben.

Wer kennt das Phänomen, jemanden nur kurz oder ein-, zweimal gesehen zu haben und zu denken, zu spüren, dass „es passt". Gespräche sind innig und es fühlt sich verbunden an, als würde man sich schon länger kennen. Man kann sich in Gesprächen verlieren und ergänzt sich. Hier geschieht dialogische Hingabe. Andersherum kann es sein, dass wir einen Menschen jahrelang kennen und Interaktion von beiden Seiten nur auf das Nötigste beschränkt wird. Doch in einem Moment oder einer Situation geschieht etwas Dialogisches. Wir sehen uns plötzlich anders und gehen neu oder anders ins Gespräch, in den Dialog ...

Es geht um dialogische Begegnungen.

Ist es nicht viel schöner, fremde Menschen beim Spazierengehen anzulächeln als woanders hinzuschauen? Besonders schön finde ich es, wenn das Lächeln erwidert wird. Das ist nur ein Lächeln, das aber viel ausmacht. Ein nettes Wort zur Kassiererin beim Brötchen holen, ein lächelndes „Guten Morgen" im Büro, und der Tag startet positiv. Es ist wenig Aufwand, dies zu tun, aber die Wirkung kann nachhaltig und bedeutend sein.

Dialog als persönliches Wachstum bedeutet für mich auch, Vorstellungen vom eigenen Leben, vom miteinanderleben und von eigenen Haltungen und Handlungen immer wieder neu zu hinterfragen. In Bewegung zu bleiben. Neugierig und offen zu bleiben. Im Denken flexibel zu bleiben. Ein positives Lebensgefühl und eine menschenbejahende Lebenseinstellung zu erhalten und immer weiter auszubauen. Auch in kurzen Begegnungen den wertvollen Moment zu erkennen.

WEM DAS NICHT ZU ANSTRENGEND IST, DER GEWINNT VIEL!

Denn der Mensch braucht Begegnung und Gemeinschaft, um sich zu erfahren und um zu lernen. Dazu bedarf es auch Mut(h).

Ich verstehe den Dialog als eine wahrhafte, von Herzen kommende Einladung, in Beziehung zu treten. Und was daraus entspringen kann, obliegt jeder einzigartigen Anderheit selbst.

Ich schicke einen großen und von Herzen kommenden Dank an eine großartige Frau, Cornelia Muth.

Dialogische Erinnerungen

Elisa Langsenkamp

Ermutigung für meine Haltung in der sozialpsychiatrischen Praxis

Das ‚dialogische Prinzip' nach Martin Buber habe ich in der Fachhochschule Bielefeld im Bachelorstudium der Sozialen Arbeit im Jahr 2014 kennengelernt – und es hat mich von Beginn an begeistert. Ich möchte diesen Artikel nutzen, um mich auf Aspekte des Dialogs zurückzubesinnen und auf das, was mir davon ‚hängen' geblieben ist. Dafür gehe ich zunächst auf meine ersten Begegnungen mit dem dialogischen Prinzip ein, um in Anschluss Verbindungen vom dort Erlernten zu meiner derzeitigen Sozialarbeitspraxis zu ziehen. Es ist nur ein kleiner Ausschnitt dessen, was sich alles darüber schreiben ließe. Um alle Geschlechter gleichermaßen zu berücksichtigen, verwende ich die Schreibform des Gender-Sternchens, außer in Originalzitaten, um deren Sinn nicht zu verfälschen. In den dialogisch ausgerichteten Seminaren bei Prof. Dr. Muth war für mich stets eine andere Atmosphäre des Lernens im Raum, die einen Austausch auf mehreren Ebenen ermöglichte. Lernen konnte ganzheitlich und somit meines Erachtens nachhaltig geschehen. Was war der Unterschied zu anderen Seminaren?

Es ging weniger darum, Debatten zu führen und Sichtweisen gegeneinander auszuloten, als vielmehr die Vielfalt an Perspektiven zu einer Thematik nebeneinander stehen lassen und explorieren zu können. Wahrheit, so lernte ich dabei, hat viele Facetten. Pluralität stehen zu lassen erfordert ein hohes Maß an Achtsamkeit, um nicht doch in einer ‚Falsch-und-richtig'-Argumentation unterzugehen. Es erfordert von mir als Teilnehmerin, mir und meiner Denkvorgänge gewahr zu sein, und gleichzeitig ein Zuhören, das die Sichtweise des*der Anderen verstehen möchte. Wenn die Dichotomie von Falsch und Richtig, Recht und Unrecht ihre Relevanz verliert, kann in Gesprächen ein neuer Möglichkeitsraum entstehen. Anders als in herkömmlichen Seminaren war das Ziel folglich nicht, Wissen vorzuweisen, klare Antworten zu finden oder Positionen zu verteidigen, sondern Theorien aktiv zu erkunden, der Position der Anderen mit Achtung zu lauschen, Fragen zu stellen und im besten Fall am Zwischenraum zu partizipieren, sodass ein kokreativer Denkprozess entstehen möge. In den Seminaren war ein Balancieren zwischen kognitivem und fühlendem Dasein möglich. Somit durfte ich vor allem das Handwerk der Bewusstheit erlernen, um mich und meine Vorannahmen in der „Schwebe zu halten" (Schopp 2013, 88) und mich für das gemeinsame Dritte im Raum, einer geteilten Wirklichkeit, öffnen zu können.

Wie genau wir dazu angeleitet wurden, ist schwierig in Worte zu fassen; fassbar ist, dass wir meist in Kreisform saßen und uns dadurch anschauen und einander leiblich zuwenden konnten. Neben vielen Fragen wurde auch Schweigen zugelassen, wir machten Wahrnehmungsübungen und der Ausdruck ‚man' wurde korrigiert, damit jede*r von ‚ich' sprechen möge. So erhöhte sich nicht nur die Aufmerksamkeit, sondern ich erlernte zunehmend Verantwortung für das zu übernehmen, was ich dachte und sprachlich beitragen wollte. Wir wurden als Lernende in unserem individuellen Mensch- und Ich-Sein mit einbezogen, ja dringlichst angesprochen, um in unserer ‚Personwerdung' zu wachsen. Was mir damals vom Dialog hängen geblieben ist, ist sowohl eine zu erstrebende und immer wieder zu übende Denkweise als auch meine humanistische Haltung, auf die ich meine Arbeit in der Praxis aufbauen wollte. Was begleitet mich jetzt noch davon?

Dafür möchte ich einen Einblick in das Feld geben, in dem ich gerade als Sozialarbeiterin tätig bin. Derzeit arbeite ich im Sozialtherapeutischen Dienst in einem städtischen Klinikum für Psychiatrie. 1 ½ Jahre war ich auf einer geschützten („fakultativ geschlossenen") Station für vornehmlich an Psychose erkrankte Menschen tätig, seit kurzem im ambulant geführten Behandlungszentrum, was eine Tagesklinik, den städtischen Krisendienst und eine Beratungsstelle beinhaltet, die für Menschen mit gemischten ‚Störungsbildern' zuständig ist. Psychiatrie bedeutet in erster Linie ein Arbeiten nach dem ICD-10, dem weltweit anerkannten Klassifikationssystem für medizinische Diagnosen. Auftrag der Institution ist es, Menschen multiprofessionell zu ‚behandeln', im Idealfall verlaufen pflegerische Versorgung mit medikamentöser sowie gesprächs- und sozialorientierter Therapie als Synthese zusammen, sodass der*die Patient*in genesen genug (wieder) für sich sorgen kann, ohne eine Gefährdung darzustellen.

Das Klinikum erscheint mir als ein stark im „Ich-Es"-Modus (Buber 2009) verhaftetes System: Es geht um Belegungs- und Umverteilungsdruck, Zuständigkeiten, Geldleistungen, Dokumentation, um Diagnosen und damit um Beobachten, Bewerten und anhand der vorgegebenen Kategorien um Einordnen, Zuordnen und Verschreiben sowie im besten Fall Ausführen der passenden Therapien und/oder Vermitteln ambulanter Hilfsangebote. Mit ‚Ich-Es' beziehe ich mich auf den buberischen Ausdruck für einen Bewusstseinsmodus, in dem ich meine Umwelt verzwecklüche, das (vermeintlich) Objektive dem Subjektiven vorziehe.

Dies tue ich auch in diesem Augenblick, wenn ich phänomenologisch darlege. Es nimmt die Funktion von (teils vermeintlicher) Sicherheit und Ordnung ein, die mir hilft, mich in der Welt zurechtzufinden und effizient zu handeln (vgl. Muth/Nauerth 2008, 20). Es erscheint mir in manchen Fällen essenziell, eine jedenfalls vordergründige Sicherheit herzustellen, insbesondere wenn es um selbst- und fremdgefährdende Verhaltensweisen von Menschen geht. ‚Ich-Es' ist nicht etwas Schlechtes, nicht hilfreich ist es bloß, wenn der andere Pol, das „Ich-Du" (Buber 2009), verloren geht. Der Modus ‚Ich-Du' greift im ersten Teil Beschriebenes auf, ich begegne meiner Umwelt mit einem Blick von meinem Innern heraus, offen für Begegnungen von Mensch zu Mensch in Gleichwertigkeit ohne Ausübung von Zwang. Wirklichkeit ergibt sich aus dem Zusammenspiel von dir und mir, sie erschafft sich aus Beziehung und ist lebendig.

Die psychiatrischen Strukturen dagegen sind hierarchisch aufgebaut. In Bezug auf die Patient*innen bedeutet das, dass auch für die bei ihnen diagnostizierten Krankheiten die Deutungsmacht klar auf Seiten der Behandler*innen liegt. Meine bisherige Erfahrung ist, dass die Deutungen selten durch die Einbeziehung des*der jeweils Anderen und des Kontextes überprüft werden. Es ist von „vornherein definiert, wer ‚verrückt' ist und wer nicht" (Staemmler 2016, 145), und damit liegt es auch auf Seiten der Nicht-Verrückten/Gesunden, das Verrückte einzuordnen. Dabei wird Patient*innen teilweise eine Mündigkeit abgesprochen. „Derjenige, der eine einseitig verteilte Deutungsmacht ausübt, verschafft sich ein Gefühl von Sicherheit [..]" (Staemmler 2016, 142), die im Umgang mit Verrücktheit erwünscht ist. Und das ist wie oben erwähnt einerseits verständlich! Es kann sehr angsterregend und mitunter gefährlich sein, sich mit unberechenbaren Verhaltensweisen von Menschen auseinander zu setzen. Und auch die Betroffenen ringen oft nach Klarheit. Das psychiatrische System versucht daher in zweierlei Hinsicht, Sicherheiten zu verschaffen. Sicherheit gegenüber den Menschen, die als schutzbedürftig gelten (die Patient*innen), und teilweise gegenüber dem soziale Umfeld, verallgemeinert ausgedrückt, der Gesellschaft.

Andererseits erweist sich diese Sicherheit „bei genauer Betrachtung als Scheinsicherheit" (Staemmler 2016, 142), die Wirklichkeiten verkennen oder destruktive Verhaltensweisen verstärken statt kreative Lösungen fördern kann, durch ein Wiederholen des pathologischen Narrativs. Eine Diagnose bleibt ein Versuch und eine Konstruktion des Einordnens und Erklärens von Phänomenen, die jeder Mensch unterschiedlich erfährt. Im Grunde kann niemand zu 100 % feststellen, was der*die Andere „denn nun hat", der*die Patient*in ist zuallererst ein Mensch, der sich auf eine bestimmte Art und Weise verhält und in der Regel Gründe dafür hat. Von meiner dialogischen Denkweise her gehe ich von einer Wirklichkeit aus, die aus Prozessen und Beziehungen besteht, folglich ist „eine Seele [nie] allein krank, immer ist es auch etwas Zwischenhaftes, ein zwischen ihr und anderen bestehendes" (Buber in Trüb 2015, 19).

Eine dialogische Herangehensweise erlaubt mir, in der Schwebe zu halten, was ich meine, was ein Mensch „hat", und mich wieder zu öffnen für das, was sich im Interaktionsgeschehen zwischen Patient*innen und mir zeigt, und darin heilende Prozesse zu initiieren. Das bedeutet, insbesondere in diesem Arbeitsfeld, einen bewussten Umgang mit Unsicherheit zu üben. Staemmler (2016) schlägt ein Praktizieren einer „kultivierten Unsicherheit" (ebd., 140ff.) vor, um sich auf einen Prozess von Heilen einlassen zu können – im Pendeln zwischen ‚Ich-Du' und ‚Ich-Es'. Um einen solchen Prozess zu ermöglichen, reflektiere ich meine Arbeit an folgenden Prinzipien einer dialogischen Haltung:

Existenzielle Bestätigung des*der Anderen

Viele Menschen, die ich bisher als Patient*innen kennenlernen durfte, leiden darunter und schämen sich dafür, sich in der Psychiatrie zu befinden. Umso bedeutsamer ist es, meinem Gegenüber mit einem wohlwollenden und bestärkendem Blick entgegenzutreten. Mit Bubers Worten ausgedrückt, geht es um die Bestätigung des*der Anderen in ihrem*seinem ‚So sein'. Diese unbedingte Wertschätzung ist notwendig, damit der*die Andere überhaupt zu einer Bereitschaft finden kann, sich zu öffnen, und sich auf einen Behandlungsprozess einzulassen. Sie erfordert, den Menschen mit unbedingtem Respekt und Achtung zu begegnen, mich ihnen mit aufrichtigem Interesse an ihnen als einzigartige Personen mit ihrer Lebensgeschichte zuzuwenden (vgl. Schopp 2013, 77ff.).

Würdigung

Damit geht einher, den*die Andere in seiner*ihrer menschlichen Würde zu sehen, und – in diesem Fall essenziell – seine*ihre Störung als Lösungsstrategie zu würdigen. Zum Zeitpunkt der Erkrankung konnte der*die Patient*in nicht anders, als diese oder jene Symptomatik zu entwickeln. Ich möchte die Patient*innen einladen, ihre Erkrankungen als Heilungsversuch ihres Organismus anzuerkennen. Ich möchte ihnen zuhören und ihr Erleben ernst nehmen. Diese Art der Würdigung kann zu einem Akzeptieren führen, das einen Veränderungsprozess eröffnet. Hier greift dialogisches in gestalttherapeutisches Arbeiten.

Akzeptieren erlaubt, sich das ‚Pathologische' anzuschauen, es phänomenologisch zu betrachten, und nicht bloß als etwas ‚Wegzumachendes' anzusehen. Akzeptanz hat eine integrative Kraft und kann der Ausgangspunkt sein, zu verstehen, was das „Gut" von einer jetzt als störend empfundenen Verhaltensweise in der Biographie darstellt.

Partielles persönliches Engagement

Um eine wirksame Unterstützung zu verkörpern, bedarf es aus dialogischer Perspektive ein Einbringen meiner Selbst sowohl als Professionelle als auch als Mensch. Mehr noch würde ich behaupten, dass meine fachlichen Fähigkeiten auf meine menschlichen aufbauen. Ich stelle mich mit meinem Mitgefühl, meiner Anteilnahme und meinen Wahrnehmungen zur Verfügung, wie es für den*die Patient*in hilfreich ist. Hier greift das ‚Partielle', es geht nicht darum, mich gänzlich als Person zu offenbaren, sondern auf Grundlage der ‚einseitigen Umfassungserfahrung' das von mir zu Verfügung zu stellen, was der*die Andere brauchen mag, um ‚heiler' zu werden. (vgl. Buber 2009, 271ff.)

Lernen

Um mich in den Dienst des Heilungsprozesses der Patient*innen zu stellen, ist eine stetige Reflexion meiner Tätigkeit von Nöten – ich lerne nie aus. Fachlich bedeutet das, mich zu fragen, wo ich Grenzen übergangen oder meinen Auftrag verfehlt haben mag; zu prüfen, wo ich zu viel interveniert haben und gegebenenfalls an den Nöten des*der Patient*in vorbei agiert haben mag. Menschlich impliziert es für mich, dass ich mir eine Offenheit und Neugier beibehalte, auch von meinem Gegenüber zu lernen über das Mensch-Sein an sich. Insbesondere Menschen mit psychiatrischen Erfahrungen haben eine Fülle an Wissen über menschliche Seinsformen. Lernen bezieht sich auch auf das dialogische Menschenbild, das Menschen, und somit auch Patient*innen, als werdende und lernende Wesen versteht.

Letztendlich ist das Dialogische für mich Ermutigung und Rückgrat, um mich immer wieder zu trauen, die Brille der Diagnosen zu prüfen und ‚hinter den Wahnsinn' zu blicken und den*die Patient*in in seiner*ihrer Wirklichkeitserfahrung zu begleiten und mich dieser mit echtem Interesse anzunähern, ohne in ihr unterzugehen. Dialogisches Arbeiten erlaubt mir, da, wo es mein Auftrag zulässt, den Boden der „Scheinsicherheit" (Staemmler 2016, 142) zu verlassen und mich in unsicheres, doch dafür zwischenmenschliches Gebiet zu wagen. Dies ist auch im psychiatrischen Setting möglich und vor allem nötig, gerade wenn ich mir den Auftrag vor Augen halte, den Psychiatrie im ideellen Sinne inne hat: Als ‚Seelenheilkunde' will sie Menschen zur Gesundung verhelfen. Aus einem humanistischen Blickwinkel heraus geht das nur, wenn Patient*innen hauptsächliche Akteur*innen ihres Gesundungsprozesses bleiben und sich die Helfer*innen als Katalysatoren verstehen. Ich wünsche mir sehr, dass die Psychiatrie mehr Dialog und damit menschenfreundliche und wachstumsfördernde Räume zulässt.

Literatur

Buber, Martin (2009): Das dialogische Prinzip. Ich und Du. Zwiesprache. Die Frage an den Einzelnen. Elemente des Zwischenmenschlichen. 11. Aufl. Gütersloh: Gütersloher Verlagshaus.

Buber, Martin (2016): Geleitwort zu ersten Ausgabe. In: Trüb, Hans: Heilung aus der Begegnung. Überlegung zu einer dialogischen Psychotherapie. s.l.: EHP Verlag Andreas Kohlhage, S. 7-10.

Doubrawa, Erhard (2011): Die Seele berühren. Erzählte Gestalttherapie. 3. Aufl. Wuppertal: Hammer (Eine Edition des Gestalt-Instituts Köln/GIK-Bildungswerkstatt).

Muth, Cornelia; Nauerth, Annette (2008): Dialog und Diagnostik. Ein praxisorientiertes Handbuch für Lehrende. Wien: Facultas-WUV.

Schopp, Johannes (2013): Eltern stärken – die dialogische Haltung in Seminar und Beratung. Ein Leitfaden für die Praxis. 4., überarb. Aufl. Opladen, Berlin, Toronto: Budrich.

Staemmler, Frank-M. (2016): Kultivierte Unsicherheit. Gedanken zu einer gestalttherapeutischen Haltung. In: Doubrawa, Erhard; Staemmler, Frank-M. (Hg.): Heilende Beziehung. Dialogische Gestalttherapie. 1. Auflage. Norderstedt: Books on Demand, S. 137–154.

Dialoggruppe. © 2021 by Ines Wagner.

Was bleibt vom Dialog?

Nojin Malla Mirza

Dialog als Möglichkeit, das noch unbekannte Ich wahrzunehmen. Diese prägende Erkenntnis erarbeitete ich mir während und nach der Teilnahme an einer „dialogorientierten" Begegnung in Israel. Die folgende Darstellung beruht auf eigenen Interpretationen und Wahrnehmungen.

In einer Gruppe von ca. 40 Studierenden mit vielfältigen Weltanschauungen und Religionszugehörigkeiten sind wir im Rahmen einer Seminarreihe in „Dialog" getreten. Der rege Austausch erfolgte über unsere religiösen und weltlichen Ansichten und darüber, welchen Standpunkt die anderen Teilnehmenden dazu vertreten. Das Ziel der Seminarreihe war, eine Dialogperspektive zu entwickeln und sich mit verschiedenen Meinungen und Perspektiven auseinanderzusetzen, um dadurch eine tolerante Vielfalt im Denken heranzubilden. Wir hatten von fast jeder Weltanschauung jemanden dabei. Es waren Teilnehmende mit dem Glauben an Hinduismus, Buddhismus, Judentum, Atheismus, Christentum, Islam u.a. vereint in einer „dialogischen" Lerngruppe. Ebenso wurde die Seminarreihe von den Veranstaltern als interreligiöser Dialog betitelt.

Die sichtbare Vielfalt an Persönlichkeiten und Prägungen machten das Seminar spannend, lehrreich und sogar einzigartig. Unsere dialogisch vorgesehenen Gespräche fanden sowohl in Gruppen als auch in Partnerkonstellationen statt. Wir trafen uns insgesamt zu zwei Seminareinheiten. Das Kennenlerntreffen fand in einer deutschen Stadt statt, welches ebenfalls die Vorbereitung auf unser folgendes Treffen war – die Reise nach Israel.

Unser erstes Kennenlernen war erfüllt mit gegenseitiger Neugier und hohem Interesse am Anderen, wir waren uns ja noch „fremd". Wir tauschten uns über religiöse Haltungen, weltliche Ansichten, vielfältige Lebensbilder und alltägliche Situationen aus. Fragen, die mich oder andere situativ bewegt haben, wurden ohne

Hemmnisse offen gestellt. Generell hatten wir offene Gespräche – es gab keinen Fragenkatalog. Wir haben darüber gesprochen, wo die Teilnehmenden jeweils herkommen, welche Wahrnehmungen wir haben, mit welcher Haltung wir durch die Welt gehen und welche Erlebnisse wir jeweils mitbringen. Wir gaben uns im Gespräch Raum, uns selbst darzustellen, aber haben auch dem Gesprächspartner Raum gelassen, sich als Wesen zu vertreten. Unsere konkrete Meinung zum Gesagten ist zunächst nicht in den Mittelpunkt gestellt worden.

Auch kontroverse Themen wie zum Beispiel das Tragen eines Kopftuches, Beschneidung beim Mann, Fälle des sexuellen Kindesmissbrauches im kirchlichen Rahmen, Holocaust oder Nahostkonflikte wurden *noch* dialogisch offen thematisiert. Wir haben unsere Wahrnehmungen akzeptiert, wir haben uns zu verstehen versucht. Gleichberechtigter, respektvoller und kritischer Meinungsaustausch wurde an den Tag gelegt – ein Dialog eben.

Die Dialoge waren meiner Ansicht nach erfüllend, voller Fröhlichkeit und vollkommener Akzeptanz der „Anderheit". Wir haben einander zugehört, nicht unterbrochen und vor allem sind wir uns offen begegnet. Selbstverständlich haben wir Ähnlichkeiten entdeckt, aber auch viele Differenzen wahrgenommen. Ob man an einen Gott, mehrere Götter oder gar keinen Gott glaubte, war trotz der Widersprüchlichkeit zum eigenen Glauben einerseits interessant und andererseits irrelevant für die Begegnung. Was macht der Glaube denn auch schon aus, wenn wir uns im Gespräch akzeptierend zuhören und uns gegenseitig nicht existenziell infrage stellen? Wir müssen nicht stets einer Meinung sein, darauf kam es für mich/uns auch nicht an – *noch nicht*.

Die dialogische Atmosphäre prägt das Zusammenkommen unterschiedlicher Menschen positiv. Mit dieser positiven Energie und bemerkbarer Vorfreude auf weitere Begegnungen trat ich die Reise nach Israel an. Dort strebte ich an, vertiefte Einblicke in die jeweiligen Annahmen zu wagen und zu kurz gekommene Themen ausführlich zu thematisieren. Die Möglichkeit solch einer interreligiösen Begegnung hatte ich nicht alle Tage.

Die Begegnung in Israel hatte meiner Wahrnehmung nach vom vorherigen Dialog nicht mehr viel übrig. Es hatten sich offensichtlich einzelne Gruppen mit ähnlicher religiöser Haltung gebildet. Ein reger Austausch nach den Gruppendiskussionen fand nur im begrenzten Rahmen statt. Für die „Anderheit" wurde kein Platz mehr eingeräumt und andere Ansichtsweisen wurden permanent abgelehnt. Die emotionale Explosion ist vielleicht der kritischen Thematik geschuldet. Aber weshalb war der Dialog im ersten Treffen vorhanden, in dem wir doch auch über Religion und politische Meinungen gesprochen haben? Oder haben wir die dialogische Haltung „vorgespielt", um die jeweilgen Teilnehmenden kennenzulernen und erst einschätzen zu können? Oder grenzen wir uns vom Anderen wieder ab, sobald Gleichdenkende sich uns und unserer Haltung anschließen und dadurch ein Wir-Gefühl entsteht?

Weshalb waren wir in der ersten Begegnung interessiert aneinander, an den verschiedenen Denkweisen, und in der nächsten Begegnung beharrten wir auf unserem Standpunkt und nahmen die Meinung anderer nicht an? Wir gerieten in die Position, unsere jeweiligen weltlichen und religiösen Anschauungen regelrecht zu verteidigen, anstatt eine Infragestellung bzw. eine Gegenposition dialogisch entgegenzunehmen und die Entstehung dieser zu erlauben. Wir müssen uns selbst im Dialog nicht aufgeben, aber dem Anderen einen freien Denkraum lassen und vor allem die Freiheit, sich selbst ohne Bedenken äußern zu können. Unser Umgang mit dem Thema und miteinander hat mich lange danach begleitet. Viele Fragen wurden aufgeworfen, für die ich eine Antwort gesucht habe.

Zur Veranschaulichung meiner Wahrnehmung halte ich beispielhaft folgende Situationen fest. Es wurden bestimmte Gruppenteilnehmende unausgesprochen von der Gruppe isoliert. Sie wurden aufgrund ihrer weltlichen Position ausgeschlossen und jede Handlung wurde negativ interpretiert. Beispielsweise hat sich eine Teilnehmerin für eine Infoveranstaltung krankgemeldet. Sie vertrat eine religiöse Ansicht, die der Religion, die in der Infoveranstaltung thematisiert wurde, entgegengesetzt war. Die Teilnehmerin wurde daraufhin von einigen als extremistisch deklariert und als Gegnerin anderer Anschauungen ausgemacht. Für mich geht es in diesem Rahmen keinesfalls darum, eine bestimmte Religion zu benennen, der fehlgeschlagene Dialog und die Verhaltensänderung sind hier von Interesse. Wie schnell können Vorbehalte und Mutmaßungen entstehen, ohne die betroffene Person für sich selbst sprechen zu lassen? Aus unserer dialogischen Gruppe wurden einzelne Wir- und Die-Gruppen.

Dieses Erlebnis hat mein Menschenbild beeinflusst. Die Grenzen der Anerkennung, der Wertschätzung und Akzeptanz einer Gegenwahrnehmung kann und darf nicht mit einem Ausschluss enden. Für mich fängt genau dort ein Dialog an, wenn es uns herausfordert und uns infrage stellt. Die Abwendung von einer dialogischen Haltung habe ich wie folgt für mich interpretiert: Einerseits haben wir in das Themenfeld Dialog keine Einführung erhalten. Dies habe ich auch kritisiert. Eine dialogische Haltung kann nicht vorausgesetzt werden, es muss eine dialogische Begleitung in einem solchen Kontext gewährleistet werden, zumal wir persönliche und anspruchsvolle Themen behandelt haben.

Meiner Ansicht nach muss eine dialogische Haltung anfänglich bewusst eingesetzt und angesprochen werden. Damit hätten wir eventuell einen gemeinsamen dialogischen Raum schaffen können. Es ging nicht darum, dass wir alle gleich denken oder die gleiche Haltung zu bestimmten Themen haben, sondern darum, unsere „Anderheit" als solche dialogisch annehmen und akzeptieren zu lernen. Einen dialogischen Umgang miteinander pflegen zu lernen. Demzufolge bedarf eine dialogische Haltung einer Selbstreflexion, die meinem Gegenüber einen freien Entfaltungsraum ermöglicht, ohne sich im Gespräch unwohl oder nicht ernst genommen zu fühlen.

Andererseits sind Reflexionsrunden insgesamt gar nicht vorgekommen oder zu kurz gekommen, sodass uns keine Möglichkeit gegeben wurde, unsere Emotionen zu thematisieren und empfundene Ungerechtigkeiten zu offenbaren und dadurch zu beseitigen. Die seelischen Empfindungen wurden unausgesprochen mitgezogen.

Die spürbare Unzufriedenheit und Abspaltung der Gruppe in einzelne Zugehörigkeiten haben die anfänglich interessante Vielfalt aufgehalten und sogar unterdrückt. Die zugespitzte Situation und die Ablehnung mancher religiösen Haltungen führte dazu, dass Teilnehmende weinend aus dem jeweiligen Treffen gegangen sind.

Im Moment eines dialogischen Zuhörens hat nicht meine Haltung zum Gesagten die vollkommene Priorität, der Erzähler hat seine Beweggründe für die eigene Haltung. Ihm zuzuhören, das Gespräch in den Mittelpunkt zu stellen und nicht eine egozentrisch gesteuerte Selbstdarstellung vorzuziehen, genau das macht für mich einen Dialog aus. Wie viele Konflikte würden vermieden oder zumindest wieder beseitigt werden, wenn wir einander in der Begegnung trotz Unstimmigkeiten wertschätzend behandelten?

Noch einmal möchte ich klarstellen, dass wir mit einer dialogischen Haltung nicht die Meinung des Anderen übernehmen müssen, um uns gut zu verstehen, sondern es geht darum, eine andere Ansichtsweise als die meine zuzulassen und dem Ganzen im Gespräch Raum gewähren. Wenn wir dies in dem beschriebenen Kontext verstanden hätten, dann hätten wir vielleicht nicht unbedingt unseren Standpunkt durchsetzen wollen.

Auch für mich ist es anstrengend, eine gegensätzliche Haltung zu meiner, ohne es dem Gespräch anzulasten, hinzunehmen. Aber genau das ist doch ein Dialog: Über kritische Themen, die uns bewegen, samt Wertschätzung der Gegenposition zu sprechen. Allemal fällt mir ein alltägliches Gespräch mit meiner Schwester über verschiedene Haushaltsangelegenheiten leichter als über Politik oder Religion Dialoge zu führen.

Beim ersteren kann ich eine dialogische Haltung einnehmen, ohne mich infrage stellen zu müssen. Daher ergibt sich für mich die These, dass je mehr Emotionen beim besprochenen Thema miteinfließen, desto „schwerer" fällt es uns, eine dialogische Haltung zu bewahren, umso wichtiger ist es, diese bewusst herbeizuführen oder zumindest unseren Umgang damit zu reflektieren.

Abgesehen von der Gruppendynamik, die sich im Laufe des Seminars geändert hat, habe ich mich in diesem Rahmen von einer ganz anderen Seite kennengelernt. Während der ersten Begegnung mit mir fremden Menschen habe ich sie auf einer Ebene des Zwischenseins getroffen. Ohne jegliche Vorbehalte, Vorannahmen und offen für andere Stellungnahmen. Auch bei mir habe ich in der zweiten Phase des Seminars – der Reise nach Israel – bemerkt, dass ich meine Meinung nicht mehr ohne Bedenken offenbaren konnte. Ich rechnete mit Gegenwind und Unmut. Ich habe mitbekommen, wie verschiedene Annahmen oder Gedankengänge als rechtsextrem, linksextrem oder auch intolerant deklariert wurden.

Auch in mir hat sich vieles bewegt. Ich habe eine Seite an mir kennengelernt, für die ich monatelange Nacharbeitung benötigt habe. Während des Aufenthalts in Israel habe ich auf meinen religiösen Ansichten beharrt und habe keine anderen mehr annehmen, geschweige denn zuhören können. Denn auch meiner Anschauung wurde kein Platz gelassen, weshalb sollte ich mich dann auf andere einlassen? Die fehlende Aufgeschlossenheit und geringe Akzeptanz prägten mich.

In einem Tunnel der Selbstüberzeugung befanden wir uns, auch die anderen Teilnehmenden haben ihre Position radikal präsentiert. Aus religiöser Sicht vertrete ich eine bestimmte Haltung, aber sie ist nicht unbedingt die Richtige, zumindest nicht für alle, und daran zweifelte ich nie. Meine Gesprächsblockade hat bei mir einen Schock ausgelöst, denn so habe ich mich vorher nicht gekannt. Wir haben alle unsere Erfahrungen mit gelungenen oder misslungenen Begegnungen. Doch was nehmen wir jeweils davon mit? Es wäre ein Desaster, wenn ich unreflektiert das unbekannte Ich in einen dauerhaften Zustand übernommen hätte. Die Aufarbeitung dieser Erfahrung war erst durch das Kennenlernen des Dialoges im Rahmen meines Studiums erfolgreich.

Während meines Masterstudiums der Angewandten Sozialwissenschaften an der FH Bielefeld habe ich das Seminar Dialog und Diagnostik, angeleitet durch Prof. Dr. Cornelia Muth und Prof. Dr. med. Annette Nauerth, als Bearbeitungsmöglichkeit für meine erste Erfahrung mit Dialog eingesetzt. Als eine „seelische Bereinigung" habe ich es damals für mich wahrgenommen. Die reflektierte Ausschöpfung der Seminarinhalte war zufriedenstellend. Im Seminar haben wir uns anhand praktischer Lerneinheiten mit Theoriebezug zu dialogischer Haltung nach Martin Buber in einen dialogischen Lernkontext begeben. Wir haben unter anderem gezielt geübt, wie wir einer Gegensätzlichkeit dialogisch begegnen können. Ich frage mich bis heute, wie meine Persönlichkeit geformt wäre, wenn ich die Möglichkeit, einen Dialog zu verstehen, nicht hätte.

In Bezug auf gesellschaftliche Problematiken stellt sich für mich ebenso die Frage, ob weltliche Probleme oder soziale Fragen erst gar nicht entstehen würden, wenn wir trotz Uneinigkeiten in Dialog bleiben und uns zuhören würden. Sind wir etwa Bequemlichkeit im Denken gewöhnt, und sobald dies durch andere Meinung irritiert wird, treten wir in Abwehrhaltung? Es gibt gewiss mehrere Uneinigkeiten zwischen verschiedenen Religionsgruppen. Ein aufrechterhaltender Dialog und dadurch entgegengebrachte Wertschätzung und Akzeptanz sind vielleicht die Lösung dafür. Zumindest fühlt man sich im Gespräch nicht durch Vorurteile und Blockaden gehemmt. Die Erfahrung und die Entwicklung unserer kleinen Gruppe kann auf Gesellschaften übertragen werden.

Auch negative Erfahrungen mit misslungenen bzw. herausfordernden Dialogen sind entwicklungsfördernd, zumal ich die Möglichkeit der Nachbesserung oder des Sich-Kennenlernens von einer anderen Seite sehe. Wie hätte ich sonst mein Ich anders kennengelernt, wenn es diese Begegnung nicht gegeben hätte? Ich wurde darauf aufmerksam gemacht, sodass ich mit derselben Erfahrung zukünftig bewusster und gelassener umgehen kann. Konflikte und Widersprüchlichkeiten gehören beim Zusammenkommen vielfältiger Menschen stets dazu. Die Kernaufgabe ist daher nicht, Vielfältigkeit zu verdrängen, sondern dialogisch bewusst damit umzugehen. Die Wertschätzung und die Bestehungsrelevanz der „Anderheit" hat sich bei mir intensiviert.

Daraus ableitend ist Dialog ein Prozess, der im Gespräch Entwicklung, Herausforderung und Selbstirritation mit sich bringt. Diese darf nicht erschreckend wirken, sondern muss als Möglichkeit der Perspektiverweiterung angenommen und mitgenommen werden.

Risse. © 2021 by Ines Wagner.

Was bleibt vom Dialog?
Chancen und Grenzen des Dialogs in der rassismuskritischen Sozialen Arbeit

Sophie Brzezinski

Im Jahr 2016 bekam ich durch das begleitende Praktikumsseminar von Prof.in Dr.in Muth die Möglichkeit, mich näher mit dem Dialog zu beschäftigen. Das Seminar ging über drei Semester und war für mich gefüllt mit vielen neuen Erkenntnissen, neuen Denkschleifen und vor allem mit dem Gefühl, endlich einen Weg der Kommunikation gefunden zu haben, auf dem auch das Nachfragen und das Hinterfragen der eigenen Denkweise Platz haben. 2017 schloss ich mein Studium der Sozialen Arbeit ab und begann in der Servicestelle Antidiskriminierungsarbeit der AWO OWL e. V. zu arbeiten, was ich bis heute noch tue.

Meine hauptsächliche Arbeit besteht dort grob eingeteilt aus drei Bereichen: der individuellen Antidiskriminierungsberatung für von rassistischer oder intersektionaler Diskriminierung betroffene Menschen, der Bildungsarbeit, bestehend aus Fortbildungen und Workshops für unterschiedlichste Zielgruppen sowie der Netzwerkarbeit, denn der Einsatz für eine diskriminierungsärmere Gesellschaft erfordert einen Zusammenschluss vieler und vor allem Solidarität.

Der Dialog hat in meinen Gedanken noch immer einen großen Platz. Gerade die Dinge, die der Dialog bieten kann, wie in einen gemeinsamen Denkprozess zu kommen, die eigenen Gedanken in der Schwebe zu halten, Entschleunigung sowie die Möglichkeit eines Erkenntnisgewinns, sprechen mich sehr an (vgl. Bohm 2014: 11, 30f.). Auch in Gesprächen authentisch zu sein und die Anderheit der anderen Person anzuerkennen und zu akzeptieren stellen für mich positive Effekte des Dialogs dar (vgl. ebd.: 27).

Am häufigsten bewusst dialogisch bin ich in meinem Alltag und der Praxis mit mir selbst, zum Beispiel in Reflexionsprozessen, aber auch beim Schreiben von Texten (wie diesem hier), merke ich, dass ich mit meinen Gedanken in Kontakt stehe und ein inneres, dialogisches Gespräch über die Inhalte mit mir selbst führe. Das ist für mich in meiner Arbeit am „leichtesten" umsetzbar, denn ich habe in meiner Arbeit insbesondere viel Kontakt mit diskriminierungsverantwortlichen Personen. Hier fällt es mir schwer, mir vorzustellen, dialogisch mit Menschen umzugehen, die wissentlich und absichtlich andere Menschen aufgrund rassistischer Denkweisen verletzen, ungleichbehandeln, ausschließen und/oder das rassistische System durch ihre Handlungen weiter stützen, um eigene Privilegien und Positionen zu bewahren.

Ich arbeite mit Herz und mit aller Energie parteilich an der Seite meiner Adressat*innen, ich bin diejenige, die dabei unterstützt, Missstände in Beschwerden offenzulegen, diejenige, die begleitet bei Vermittlungsgesprächen, und diejenige, die im Falle eines weiteren negativen Verhaltens der diskriminierungsverantwortlichen Seite, die fast immer eine sekundäre Diskriminierung für die betroffenen Personen bedeutet, die Aufarbeitung dieser weiteren negativen Erfahrung unterstützt.

Ich merke oftmals, dass ich im Kontakt mit diskriminierungsverantwortlichen Institutionen und Personen an meine Grenzen des Dialogisch-Seins stoße, dass ich dort nicht darauf aus bin, in einen gemeinsamen Denkfluss zu kommen, und dass ich dort meine Gedanken nicht in der Schwebe halten kann. Das Ausmaß des Verletzungs- und Gewaltpotenzials rassistischer Diskriminierung (und natürlich auch aller anderen Diskriminierungsformen) ist für Personen, die sich mit der Thematik nicht gezielt auseinandersetzen und die nicht selbst von diesen Diskriminierungen betroffen sind, kaum vorstellbar.

In meiner täglichen Arbeit bin ich damit jedoch ständig konfrontiert, und das in der privilegierten Position als weiße Frau nicht von rassistischer Diskriminierung betroffen zu sein. Trotzdem ist nach drei Jahren in dieser Arbeit mit vielen Beratungsfällen, bei denen die „Erfolgsquote", von der diskriminierungsverantwortlichen Seite Einsicht und eine Entschuldigung zu erhalten, unheimlich gering ist, meine Frustration oftmals sehr groß und meine Bereitschaft, dialogisch zu sein, sehr gering.

Wie kann ein dialogischer Umgang mit diesen Personen aussehen, die doch scheinbar mutwillig und ohne einen weiteren Gedanken daran zu verschwenden, Menschen so enorm verletzen und ausschließen? Hier kommt der Moment, in dem ich mich selbst neugierig und auch kritisch hinterfragen muss und in dem ich zu dem Schluss komme, dass mir dies zumindest zurzeit aus mehreren Gründen nicht möglich ist.

Diese bestehen zum einen aus den oben genannten persönlichen Gründen und aus den Grundsätzen meiner Arbeit, die ich nun kurz erläutern möchte. Einer der grundlegendsten Ansätze meiner Arbeit ist der der Parteilichkeit (vgl. dazu etwa Hartwig/Merchel 2000; Weiß 2015). Hier ist es mir besonders wichtig, die Diskriminierungserfahrungen meiner Adressat*innen wahrzunehmen, anzuerkennen und nicht abzusprechen, zu bagatellisieren oder gar zu de-thematisieren, was leider fast alle Personen, die zu mir kommen, zuvor entweder aus dem Bekannten- und Familienkreis und/oder sogar aus dem Bereich der Sozialen Arbeit erleben mussten.

Zudem bedeutet für mich Parteilichkeit auch, die Interessen und Ziele meiner Adressat*innen zu erkennen und zu begleiten und so gut es geht zu vermeiden, dass sie im Prozess nochmals mit Diskriminierungen in Berührung kommen müssen. Es ist also auch eine gewisse Form des Schutzes und der Solidarität, die ich ermöglichen möchte.

Die Verletzung, die es für die betroffene Person bedeuten würde, sollte ich im Sinne eines gemeinsamen Denkprozesses die diskriminierungsverantwortliche Seite „verstehen" wollen und deren vermeintliche „Gründe" in der Schwebe halten können, kann und möchte ich in meiner Arbeit nicht riskieren – gerade auch weil die Gründe oftmals den Schutz und das Aufrechterhalten weißer Privilegien als Grundlage haben, was von der diskriminierungsverantwortlichen Seite aber grundsätzlich verschleiert wird.

Auch die Frage nach und das Verständnis für vermeintliche „Ängste" der diskriminierungsverantwortlichen Seite, die für einen gemeinsamen Denkprozess elementar wären, kann und möchte ich nicht stellen und aufbringen, denn ein Fokus darauf würde die Ängste der von Diskriminierungen betroffenen Menschen nach hinten stellen (vgl. dazu etwa Peşmen 2017). Die

Ängste, die Personen haben müssen, die von Diskriminierungen betroffen sind, sind grundsätzlich weniger sichtbar, weniger gehört und werden auch seltener erfragt.

In der Beratungs- und Begleitungsarbeit liegt zwar immer ein gewisser Grad zwischen Diplomatie und Konfrontation, aber ein wirklicher Dialog ist dort aufgrund des Verletzungspotenzials gegenüber meinen Adressat*innen nicht möglich. Ein Dialog-Raum kann nicht gleichzeitig ein Schutzraum sein.

Wo kann also ein Ansatz für den Dialog in meiner Arbeit sein? Über diese Frage habe ich lange und intensiv nachgedacht und trotz meiner genannten Schwierigkeiten eine Idee entwickelt. Wie oben erwähnt ist ein Teil meiner Arbeit die Bildungsarbeit mit verschiedenen Zielgruppen. Wir geben unter anderem Workshops und Fortbildungen für freiwillig tätige Personen, für Fachkräfte im Sozialen Bereich, für Stadtverwaltungen, für Jugendliche und auch für interessierte Personen. Die Teilnehmer*innen kommen freiwillig zu unseren Bildungsangeboten, haben also grundsätzlich ein Interesse daran, sich mit dem Thema Diskriminierung auseinanderzusetzen.

Da mein Kollege und ich weiß sind und daher rassismuskritische Bildungsarbeit aus der weißen, nicht von Rassismus betroffenen Perspektive entwickeln und vorstellen, sind unsere Workshops und Fortbildungen auch meist Veranstaltungen für weiße Teilnehmer*innen, das heißt, dass wir zwar auf Verletzungen achten und auch Reproduktionen von Rassismen entlarven müssen, dass aber die direkte Verletzung einer von Rassismus betroffenen Person ausgeschlossen ist.

In den Workshops geht es vor allem auch um Achtsamkeit sich selbst und besonders anderen Menschen gegenüber. Diese Achtsamkeit kann beispielsweise dadurch gestärkt werden, dass im Gespräch ein Ziel ist, zunächst bei sich selbst zu bleiben, die eigenen Gedanken in der Schwebe zu halten und auch ein Schweigen im Sinne eines „Unkommentiertlassens" auszuhalten. Dieser Prozess kann zu Entschleunigung führen und so dazu beitragen, dass ein neuer Denkfluss entsteht, in dem zum einen die eigenen Ansichten hinterfragt werden können und zum anderen die Aussagen der anderen Personen nicht (direkt) bewertet und besprochen werden.

Dieses Prinzip kann ich mir sehr gut vorstellen, wenn die Teilnehmer*innen mit uns als Referent*innen in einen Austausch kommen über Begriffe und Theorien, die sie hinterfragen. Denkbar ist auch bei den Workshops grundsätzlich Zeit für eine Dialogrunde zu einem rassismussensiblen Thema anzubieten, wie zum Beispiel die Auseinandersetzung mit den eigenen Privilegien und der eigenen Positioniertheit, die wir in der Gesellschaft haben (vgl. Bartel 2015: 13ff.).

Dieses Thema ist für weiße Personen oftmals mit Scham, Abwehr und Schuldgefühlen behaftet, da vielen nicht bewusst ist, in welchem Maße sie ausschließlich durch ihr Weißsein profitieren und welche Wege und Ressourcen ihnen ganz selbstverständlich offenstehen und gleichzeitig von Rassismus betroffenen Menschen verwehrt bleiben (vgl. dazu etwa DiAngelo 2018).

Ein Raum zur Reflexion des eigenen Weißseins könnte durch den Einbezug des Dialogs zu einem Raum werden, der für die Teilnehmer*innen Schutz sowie Austausch bietet und in dem sie gemeinsam über die oben genannten Schwierigkeiten nach dem Erkennen der eigenen Rolle im rassistischen System ins Gespräch kommen können.

Das Gefühl des „Nicht-Allein-Seins" und des „Verstehens" könnte meiner Ansicht nach auch zu einem konstruktiven Prozess werden, in dem beispielsweise in einem weiteren Schritt auch darüber nachgedacht werden kann, wie in Zukunft mit den eigenen Privilegien umgegangen werden kann und welche Möglichkeiten es gibt, das System positiv, im Sinne von möglichst diskriminierungsarm, zu verändern.

Für mich hat der Dialog immer neue Erkenntnisse gebracht und immer dazu beigetragen, dass es in meinem Kopf während des Dialogs und noch lange danach gearbeitet hat. Sich selbst zu reflektieren und sich auf den Weg zu einem rassismussensibleren Ich zu machen, erfordert genau das, weshalb ich darin eine der größten Chancen für die Arbeit mit weißen Personen, die Interesse an diesem Prozess haben, sehe. Gerade, weil es in diesem Prozess am meisten um sich selbst geht und weil der Prozess lebenslang ist, ist es wichtig, regelmäßig Räume zum Austausch zu haben und somit den eigenen Weg zu reflektieren und neue Denkanstöße zu bekommen.

Was bleibt also für mich vom Dialog?

Für mich bleibt vom Dialog, dass sicher ist, dass zwar an einigen Punkten meines Alltags und meiner Arbeit der Dialog für mich keinen Platz hat, dass er aber immer Teil meiner Reflexionsprozesse ist. Für mich bleibt vom Dialog, dass er mir unheimlich dabei helfen kann, in meiner Arbeit einen Punkt zum Entschleunigen zu finden und auch ein Schweigen auszuhalten, was ich lange lernen und trainieren musste. Für mich bleibt vom Dialog, dass er eine spannende Möglichkeit für die Arbeit zum Thema Kritisches Weißsein mit weißen Menschen bietet und dass der Dialog die Auseinandersetzung mit den eigenen Privilegien erleichtern kann.

Zum Schluss bleibt vor allem die Erkenntnis, dass mich das mit mir selbst dialogisch sein immer wieder auf neue Ideen und Wege bringt – durch das Schreiben dieses Textes sind so viele neue Handlungsansätze für meine Arbeit entstanden, dass ich es kaum erwarten kann, sie umzusetzen.

Quellen- und Literaturverzeichnis

Bartel, Daniel (2015): Positioniertheit von Berater_innen und Beratungsangeboten. In: Antidiskriminierungsverband Deutschland (advd) (Hrsg.): Antidiskriminierungsberatung in der Praxis. Die Standards für eine qualifizierte Antidiskriminierungsberatung ausbuchstabiert. URL: https://static1.squarespace.com/static/57ea5d2920099e3d1d3c150b/t/57fcddd6e6f2e1c88f2a27bc/1476189659707/AD_in_der_Praxis_advd.pdf [letzter Zugriff 08.11.2020]. S. 13–20.

Bohm, David (2014): Der Dialog. Das offene Gespräch am Ende der Diskussionen. 7. Auflage. Stuttgart: Klett-Cotta. S. 11–30.

DiAngelo, Robin (2018): White Fragility. Why It's So Hard für White People to Talk About Racism. Boston: Beacon Press.

Hartwig, Luise/Merchel, Joachim (Hrsg.) (2000): Parteilichkeit in der Sozialen Arbeit. In: Forschung, Studium und Praxis. Schriften des Fachbereichs Sozialwesen der Fachhochschule Münster, 4. Münster; New York; München; Berlin: Waxmann.

Peşmen, Azadê (2017): Die Angst der anderen. Veröffentlicht am 29.09.2017. In: Zeit Online. URL: https://www.zeit.de/kultur/2017-09/rassismus-afd-bundestagswahl-wahlerfolg-10nach8 [letzter Zugriff 08.11.2020].

Weiß, Birte (2015): Parteiliche Beratungshaltung und Position beziehende Unterstützung von Handlungsstrategien. In: Antidiskriminierungsverband Deutschland (advd) (Hrsg.): Antidiskriminierungsberatung in der Praxis. Die Standards für eine qualifizierte Antidiskriminierungsberatung ausbuchstabiert. URL: https://static1.squarespace.com/static/57ea5d2920099e3d1d3c150b/t/57fcddd6e6f2e1c88f2a27bc/1476189659707/AD_in_der_Praxis_advd.pdf [letzter Zugriff 08.11.2020]. S. 24–30.

Sammlungen. © 2021 by Ines Wagner.

Briefwechsel

Susanne Miryam Hüser-Granzow und Susanna Matt-Windel

Liebe Susanne,
was für eine wunderbare Idee von dir, einen Briefwechsel zu beginnen. Ein Briefwechsel über Dialog, über 20 Jahre Dialog, und die Frage, was bleibt.

Was bleibt von unseren Treffen in der ESG und dem Lesen aus Ich und Du in unserer selbstorganisierten Dialoggruppe? Was bleibt von unserer Sehnsucht nach dem Dialogischen, dem Versuch, dem Dialog auf die Spur zu kommen, zu erfassen, was es mit diesem Ich-Du und Ich-Es auf sich hat? Was bleibt von den intensiven Auseinandersetzungen mit Bubers Dialogphilosophie und der Anwendung in der Sozialen Arbeit? Nicht nur die Soziale Arbeit, auch meine Dissertation gründet auf Buber, freilich ist der jüngere Bruder Levinas noch hinzugekommen, gleich und ganz anderer Art. Mein Weg zur Gestalttherapie ging von Buber aus, meine supervisorische Praxis atmet Dialog, und nicht zuletzt versuche ich als Dozentin im dualen Studiengang Soziale Arbeit eine dialogische Haltung zu lehren. Soweit Berufsbiografisches.

Was auch bleibt ist unsere Herzensfreundschaft, die auch längere Schweigephasen, aushält, wie du das so schön gesagt hast.

Vorhin im Wald waren wir im Gespräch, suchend nach dem Weg, die Prozessorientierung hat sich wieder mal voll inszeniert, und groß die Freude, am Ende den richtigen Parkplatz mit dem Auto zu finden.

So der Anfang ist gesetzt, der Anfang, wann beginnt etwas? Wann begann unser Dialog? Wenn da nicht Levinas schon reingrätscht: Die ethische Situation ist ohne Anfang, im Wortsinn anarchisch. Diese Anarchie erlebe ich immer wieder mit dir. Das Gespräch ist schon da …

In diesem Sinne freue ich mich auf Fortsetzung.
Herzlich, Susanna
Gütersloh, 25.10.2020

SUSANNE MIRYAM HÜSER-GRANZOW UND SUSANNA MATT-WINDEL

Liebe Susanna,
ja, das Gespräch ist schon da und will doch immer wieder neu geführt, bestätigt und erneuert werden.

Vor der Vorstellung
von
recht machen
und falsch
machen
ist ein Feld.
Da will ich mich mit Dir treffen.

Mit diesen Worten Rumis haben wir so manche Gespräche und Begegnungen begonnen. Wie sieht dieses Feld aus?

Die Frage, was bleibt, würde ich gerne erweitern in „was wirkt (nach)"? Denn dass der Dialog beziehungsweise die dialogische Haltung wirkt, an uns, zwischen uns, mit uns ist ein Erfahrungsschatz, der uns auch im Beruflichen trägt. Dass ein vertrauensvoller Kontakt, ein vertrauensvolles Miteinander möglich sind, haben wir vielfältig erlebt. Nicht nur teilen wir Erfahrungen aus gemeinsamer Forschung zum Thema „Vertrauen gegen Aggression – das dialogische Mittel als Mittel der Gewaltprävention", auch ein gemeinsam durchgeführtes Seminar zum Thema Dialog und, ja, gemeinsames Lesen der Schriften Bubers.

„Der Dialog zeigt seine Schätze nur denen, die sich miteinander auf eine gemeinsame Entdeckungsreise machen", sind Worte eines bekannten Politikers, der sich sehr für den Dialog zwischen den Nationen, Kulturen, Religionen einsetzt.

Die Gemeinsamkeit ist das Wichtige dabei. Sich gemeinsam auf den Weg machen zu(zu)hören, sich zu erforschen. Buber würde „Gegenseitigkeit" sagen, oder?

Ja, die Sehnsucht nach dem Dialogischen speist sich auch aus diesen Erfahrungen. Bleibt immer lebendig. Das bleibt. Und dass es sich lohnt, eine dialogische Haltung einzunehmen, gerade in der Sozialpädagogischen Beziehungsgestaltung. Das Verborgene zu hören, sichtbar zu machen, gerade in der Menschenrechtsarbeit.

So, jetzt musstest du lange auf meine Antwort warten, wo ich doch beabsichtigte, zügig zu antworten.

Meine Selbst(er)forschung gestaltete sich doch recht kritisch. Das geschriebene Wort unterscheidet sich doch sehr vom Gesprochenen. Der Anspruch, gut durchdachte Sätze zu schreiben – weg damit.

Denn gerade das ist Dialog ja auch für mich. Sich die Erlaubnis geben, gemeinsam zu denken, etwas auf die Spur zu kommen, zu ergründen, ohne Anspruch auf Perfektion, ohne Anspruch, dass die oder der andere meine (An)sicht teilt. Die Spannung in der Unterschiedlichkeit, Mensch-Sein zu teilen.

Eine Art Friedensarbeit.

In diesem Sinne
freue ich mich, von Dir zu hören,

von Herzen aus Bielefeld am 09.11.2020.
Susanne Mariyam

Liebe Susanne Mariyam,
es ist der erste Abend meiner zu Ende gehenden Fortbildung zur Supervisorin und beim Gang zum virtuellen Postfach finde ich deinen Brief vor. Ich freue mich so, will ihn gleich lesen. Da du ihn in eine Datei gepackt hast und nicht einfach in die Mail schreibst, ist es fast, als griffe ich zum Brieföffner, um den Brief zu öffnen. Ich höre förmlich das Schrabben-Schleifen … Dann lese ich deine Zeilen und da ist sie, die Lebendigkeit im virtuellen Raum, das Fortsetzen unseres Gesprächs, das wir asynchron in die Tasten hauen.

Um dir zu antworten, muss ich die Bearbeitung des Dokuments aktivieren, ich werde gewarnt, das nur zu tun, wenn ich dem Inhalt vertraue. Also nicht nur der Dialog von Angesicht zu Angesicht, auch ein virtueller Briefwechsel zum Dialog setzt Vertrauen voraus.

Vertrauen, dieses größte ABC. Ein Wort von Hilde Domin. Du fragst, was weiterwirkt? Die dialogische Haltung ist für mich wesentlich eine Vertrauensübung: Vertrauen in das Leben, Vertrauen in den und die andere, Vertrauen in die Situation. Was mich der Dialog, was mich Buber lehrt ist, es immer wieder im Gespräch zu versuchen. Ich spüre beim Schreiben, wie tief diese Überzeugung in mir ruht, zumindest was meine professionelle Haltung betrifft. Vertrauen an erste Stelle zu setzen und nicht das Misstrauen. Vertrauen in die Wirkkraft des Dialogs, Vertrauen darin, gemeinsam, den Weg zu beschreiten, sei es in der Beratung oder in der Lehre, in der Ausbildung von Sozialarbeiter_innen.

Das ist meine wichtigste Prägung auf meinem professionellen Bildungsweg, vor allen anderen Ansätzen, Kommunikationstheorien und Praktiken.

Später erst kam Levinas hinzu, der noch einmal ganz anders auf Beziehung und Begegnung zweier Menschen schaut. Levinas, der so wunderbar vom Riss in der Erfahrung schreibt, der so klug die Totalitäten unserer Zeit beobachtet, erlebt und beschrieben hat. Levinas, der uns so radikal zur Antwort herausfordert. Levinas, der Prophet, wie Stephan Strasser ihn genannt hat, gehört mit zum Dialog, für das Sperrige, Kantige, den Schmerz. Buber freilich ist der Weise. Prophetisch und weise, beides steckt im Dialog, und diese Wirkung bleibt.

Ich sitze in meiner kleinen Kammer unterm Dach im Haus Maria Immaculata, Paderborn, und meine Gedanken schweifen zu ähnlichen Orten, Orten der Gemeinschaft und des Dialogs, die wir gemeinsam aufgesucht und durchlebt haben: Warburg, Vlotho, Haus am Maiberg in der Buberschen Heimatstadt in Heppenheim. Es bleiben also auch viele Erinnerungen an Gruppen, an Ich und Du und Wir, an Selbst-Erfahrung, die jedem Dialog inhärent ist, an mühsame, anstrengende, ringende Gespräche um Dialog, um echte Begegnung, um Unterscheidung, um einseitige und beidseitige Umfassung, auch im Nicht-Verstehen, in der Konfrontation mit dem und der so ganz anderen. „Erzähl mir von deinem Werden im Dialog", so kommt mir grade ein Erzählimpuls als Überschrift für diese Zeilen ...

Dialog als ein immerwährendes Werden, nichts Bleibendes. Was also will immerzu werden?

Werden kann nie perfekt sein, weil es ja noch wird. Das gefällt mir und so entsteht, wird, unser geschriebenes Gespräch, unser denkendes Sprechen und Schreiben, gerade jetzt in diesem Augenblick, da du mich durch deinen Brief einlädst, über all das nachzudenken.

Was wird?

Ich danke dir dafür und erwarte sehnsuchtsvoll deine Herzensgedanken und Worte,

Susanna
Paderborn, 23.11.2020

Liebe Susanna,

23.11.2020, kann das sein? So lange habe ich gebraucht, dir zu antworten? Die eine oder andere Antwort entworfen und wieder verworfen. Sind diese Zeiten vor dem Hintergrund der Coronapandemie – jetzt muss ich sie doch mal erwähnen – doch gerade sehr herausfordernd, gerade auch im menschlichen Miteinander. In meiner täglichen Arbeit als Soziapädagogische Familienhilfe bin ich zunehmend mit Unsicherheiten und Ängsten konfrontiert. Aber auch mit Standhaftigkeit und Vertrauen in das, was kommt. Und da lese ich nochmal deine Frage „was also will immerzu werden?" – zum Werden gehört auch Sterben. Rumi sagt: „life is a balance of holding on and letting go."
    Doch was gilt es, festzuhalten, und was loszulassen? Wie unterscheide ich? Hilft da eine dialogische Haltung? Gelebte Beziehungen zwischen Menschen verhindern, dass Menschen in der Institution des Staates alleine bleiben, sagt Buber. Wie aktuell. Zwischenmenschliche Kontakte werden eingeschränkt bzw. sollen gemieden werden. Gerade jetzt, in Zeiten der Trennung, braucht es umso mehr das Gegenüber, die Menschen, die sich zuwenden, die hinhören, die sich aufnahmebereit zeigen. Eine dialogische Haltung ist folgerichtig ein Beitrag zur Gesunderhaltung der Menschen. Was denkst du?
Über die Stadtgrenzen hinweg grüßt dich herzlich

Susanne Mariyam
Bielefeld 14.12.2020

Liebe Susanne Mariyam,

im Dialog ist Zeit eine andere Dimension. Ich bin auch erstaunt über den Taktschlag des Chronos und erlebe derzeit eine Ungleichzeitigkeit. Wenn ich deine Zeilen lese, von deinen Gedanken höre – wieder einmal Rumi, wie wunderbar du die Polaritäten des Lebens lebst und im Blick behältst –, dann ist das außerhalb der Zählung von Kalendertagen. So erlebe ich auch gerade mein Schreiben, mein Nachdenken, mein Antworten – jetzt – außerhalb von Zeit.

Dialog als ein Beitrag zur Gesunderhaltung in Pandemie-Zeiten, in Zeiten von *social distancing*, was ja eigentlich *physical distancing* meint. – Ich denke, eine dialogische Haltung, also die Bereitschaft, zuzuhören, da zu sein für mein Gegenüber, Antwortende zu sein oder, ganz basal, wie du schreibst, mich zuzuwenden, ist unbedingt ein Beitrag zur Gesunderhaltung.

Kürzlich habe ich von einer Ärztin gehört, dass Vertrauen und Sicherheit (also die Abwesenheit von Angst) das Immunsystem immens stärken. Das wissen wir ja eigentlich ... und interessant auch noch mal zu hören: Bei Angst wird das Immunsystem dermaßen in Anspruch genommen, dass es ab einem bestimmten Punkt kippt und für die Angstabwehr mehr Abwehrstoffe benötigt, als zur Abwehr dessen, wovor man sich fürchtet.

Das Einnehmen und Leben einer dialogischen Haltung führt mich in einen Vertrauensraum und ich nehme im Gespräch mit den Studierenden (in der Online-Lehre) wahr, dass auch da, selbst virtuell, ein Vertrauensraum entsteht. Es sind Jetzt-Momente, kurze Begegnungen, in denen etwas Wesentliches angesprochen wird.
Vertrauen schaffen durch dialogische Haltung – das bleibt und wird und stirbt. Bewahren und loslassen ...

Was an dialogischer Haltung auch bleibt und wird, zeigt sich übrigens auch in meinem Ehrenamt in der Kirchengemeinde, wo ich gerade mit einem Zukunftsprozess beschäftigt bin. Ich bin in einer Arbeitsgruppe mit der Prozesssteuerung betraut, leite diese dialogisch, prozessorientiert und ergebnisoffen und lese bei den Organisationswissenschaftlern (Rudolf Wimmer).

Er schreibt über eine veränderte Strategieentwicklung „Von der Zukunft her steuern". Natürlich geht es maßgeblich um Veränderung, also um Loslassen des Bisherigen. Er beschreibt die Spannung zwischen Relativierung des Vergangenen und Entwicklung neuer Handlungspotenziale so: Sich vom Vergangenen zu distanzieren (es prüfen, reflektieren und dann neu entscheiden) und dabei die prägende Kraft der Vergangenheit zu bewahren auf der einen Seite und andererseits Dinge wirklich anders machen.

Meine liebe Schwester, soviel regst du bei mir an durch deine Fragen, und ich bin so dankbar, dass ich dir von meinem Leben erzählen darf. Es ist so schön, Dialog als roter Faden durch mein Leben.
Schreib mir auch kurz von dir!
Es sind noch neun Tage bis Weihnachten. Dann geben wir ab, oder?

Herzlich, Susanna
Gütersloh, am Tag vor dem erneuten Lockdown, 15.12.2020

Liebe Gefährtin,

Ungleichzeitigkeit – ein grandioses Wort. Sperrig. Ich liebe deine Wortschöpfungen. Und ja, das empfinde auch ich im Dialog – der Raum, der entsteht außerhalb von Zeit in der Zeit. Und das beschreiben ja viele unserer Studierenden aus den Lehrveranstaltungen und auch wir selbst haben es vielfach erlebt. Die mit dem Dialog einhergehende Entschleunigung – so wohltuend, dass Sehnsucht nach mehr entsteht. Sehnsucht und auch die Gewissheit bei aller Ungewissheit, da Dialog ja nicht machbar ist, sondern entsteht.

Seit sechs Wochen nehme ich an einem regelmäßigen Online-Treffen mit zehn Frauen teil, über die Ländergrenzen hinweg. Elemente des Austausches, der Achtsamkeit, kunsttherapeutische Elemente und Meditation, eine fremde Sprache – und dennoch, online und doch so bereichernd. Ein Vertrauensraum entsteht von Mal zu Mal, der trägt.

Ich habe den Eindruck, dass wir durch die äußeren Umstände auch sehr in einen inneren Dialog gehen (müssen). Dieses, ich nenne es einmal, Vorgehen, braucht es auch immer wieder in einem Dialog mit anderen. Die Selbstschau. Es ist wichtig, im gemeinsamen Denken die tiefer liegenden Beweggründe, Glaubenssätze und Annahmen zu erkunden, die das Gesprochene, mein Denken und Fühlen bestimmen. Diese „Arbeit" kann mir keine abnehmen.

Bringt uns diese Zeit dazu, ob wir wollen oder nicht, uns mit dem Thema Sterben, also Loslassen zu befassen? Ich empfinde das so. Du schreibst, Veränderungen ließen sich „von der Zukunft her steuern". Sollten wir das nicht mehr in den Blick nehmen? Und kann das eine Lehre aus der Pandemie sein? Wir haben vergessen, dass wir sterblich sind. Die einzige Sicherheit im Leben. Wenn wir von dieser Zukunft her steuern, dieses Wissen wieder zulassen mit all seinen Herausforderungen, die es für uns als Mensch hat, dann beschäftigen wir uns vielleicht wieder mit dem Wesentlichen. Mit dem Wagnis des Menschseins.

„Ich muss es wagen oder allein leben", wie Sheldon B. Kopp sagt.

Und da muss ich nochmal Rumi ins Spiel bringen.

> „Dies Menschsein ist ein Gästehaus.
> An jedem Morgen eine neue Ankunft.
> Eine Freude, eine Melancholie, eine Niedertracht,
> ein kurzes Gewahrsein,
> kommen als unerwarteter Besuch.
>
> Heiß sie willkommen und nimm alle auf!
> Und seien sie auch eine Horde von Sorgen,
> die mit Gewalt das Haus durchfegen,
> der Einrichtung berauben,
> auch dann, geh redlich mit jedem Gast um.
>
> Vielleicht räumt er Dich frei
> für eine neue Wonne.
> Den dunklen Gedanken, die Scham, die Tücke,
> begrüße sie an der Türe, lachend,
> und bitte sie herein.
>
> Sei dankbar für jeden, der kommt,
> weil jeder geschickt ist
> als ein Wegweiser vom Jenseits.

Herzlich, deine Susanne Mariyam, die es gerade wieder genossen hat, dich zu visualisieren und in mein Gewahrsein zu nehmen, damit diese Gedanken aufgeschrieben werden konnten – crazy und so schön!

Big thanks
Bielefeld, 15.12. 2020

Liebe Gefährtin, ja, Weggefährtin im dialogischen Unterwegssein,

heute ist der 4. Advent. Es wird still draußen, der erneute Lockdown schafft, was manche Vorsätze nicht schaffen. Deine Zeilen habe mich diese Woche begleitet und sehr berührt. Danke!!

Bald ist Weihnachten und Cornelia wartet auf das Manuskript. Was für ein Geschenk, dass wir dieses Schreibgespräch begonnen haben.

Du schreibst vom Wagnis des Menschseins oder im Hinblick auf die Weihnachtsbotschaft ist es auch das Wagnis der Menschwerdung. Ist es das, was bleibt und wird und wirkt? Immer wieder dieses Wagnis, immer wieder dieses Vertrauen auf Dialog, immer wieder dieses Üben einer dialogischen Haltung? Dass wir verstehen, wie sehr wir selbst in unserem Person-Sein wirken, im Alltag, bei der Arbeit, in der Lehre. Wie sehr das Arbeit ist, auch Arbeit an und mit uns selbst, das hast du sehr gut beschrieben. Du nennst es Selbstschau, in der Ausbildung von Sozialarbeiter_innen nenne ich es Selbstreflexion. Das bleibt eine Aufgabe, Menschen in dem Wagnis der Selbstwerdung zu begleiten.

Ganz herzlich verbunden, liebe Mariyam Susanne, heute am 4. Advent, da Marias Lobgesang überall in den Kirchen ertönt.

Susanna
Gütersloh 19.12.2020

SUSANNE MIRYAM HÜSER-GRANZOW UND SUSANNA MATT-WINDEL

Liebe Susanna,

„Wagnis der Menschwerdung" schreibst du – wir leben in einem Land, dass eine enthumanisierte Politik betreibt (s. Geflüchtete im Lager in Moria/Griechenland), in Zeiten, in denen oft die gehört werden, die am lautesten sprechen, in denen es nicht mehr um Inhalte geht, sondern darum, wer die Deutungsmacht hat.

Der Dialog, wie ich ihn kennengelernt habe, bedeutet die Eröffnung eines Möglichkeitsraumes. Ein geschützter Raum, in dem Themen besprechbar werden. Hier geht es um das Erkunden, anderen Deutungen zuzuhören, die eigenen Konzepte und Vorstellungen zu prüfen, die Haltung einer Lernenden einzunehmen. Im Prozess der Professionalisierung in der Sozialen Arbeit ist der Dialog die Grundlage meines Handelns.

Von mir ausgehende Festlegungen und Zuschreibungen gegenüber anderen kann ich im Dialog „in der Schwebe" halten. Es entsteht eine innere Spannung, eine Art Unruhe, die jedoch nicht beunruhigt. Als Instrument eröffnet mir als professionell Handelnde die Praxis des Dialogs immer wieder den Raum, kritisch zu prüfen, wie Soziale Praxen hergestellt und gefestigt werden und mich als Teil davon zu reflektieren.

Die Suche nach dem eigenen Ich bildet den Kern von Muḥammad Iqbāls (einem großen Dichter und bedeutenden islamischen Philosophen) Denken. Er legt Wert darauf zu betonen, dass wir uns unseres eigenen Ichs bewusst werden müssen, uns selbst erkennen müssen. Dies wäre dann der erste Schritt auf der Reise der „Menschwerdung". Fühlt sich nicht immer toll an, da mit zunehmender Selbsterkenntnis eigene wie gesellschaftliche, soziale, theoretische, wissenschaftliche u. a. Ordnungskategorien neu betrachtet werden müssen. Und darin liegt die Chance – des Dialogs!

Sei herzlich gegrüßt
Susanne Mariyam
Bielefeld am 20.12.2020

…und darin liegt die Chance – des Dialogs!

Der Abgabetermin ist gesetzt. Unser Schreibgespräch mit der Frage „Was bleibt vom Dialog?" endet hier.

Was nicht endet, ist unser Dialog. Was bleibt, ist unser Gespräch, und das setzen wir fort …

Susanne Mariyam Hüser-Granzow und Susanna Matt-Windel
Jahreswechsel 2020/ 2021

Sprache. © 2021 by Ines Wagner

Der Dialog im persönlichem Kontakt

Claus Melter

Cornelia Muth und ihr Team haben in einem Projekt jeweils den ersten und den letzten Satz der Praktikumsberichte von Studierenden analysiert und sind der Frage nachgegangen, ob die Studierenden im Laufe ihres Praktikums eine Krise durchlebt und diese bewältigt haben. Die Begriffe in dieser Studie gehen auf die begrifflichen Unterscheidungen von Ulrich Oevermann zurück, der zwischen Routine, Krise und Bewältigung unterscheidet. Routinen bedeuten die Fähigkeiten, die Menschen regelmäßig ausüben. Bewältigung ist, wie jemand den eigenen Alltag und die darin liegenden Herausforderungen bearbeitet. Krise ist etwas Außergewöhnliches, wo wir noch keine routinierten Bewältigungsmechanismen haben und diese in dieser neuen Situation lernen können. Dann, im Bewältigungshandeln, kommen wir wieder zu einer neuen Routine.

Nach dieser Analytik ist der Begriff Krise immer mit Situationen verbunden, in denen Menschen vor der Herausforderung stehen, etwas Neues zu lernen. Krisen gehören somit zum Alltag, sind etwas potenziell Positives, weil Menschen ja etwas Neues lernen wollen.

Im Studium gehen wir ja z. B. davon aus, dass die Menschen im Laufe des Studiums mehr und anderes können als sie vorher konnten. Sonst bräuchte es das Studium gar nicht. Es sei denn, sie brauchen nur das Zeugnis, das die Tatsache des erfolgreich absolvierten Studiums belegt. Wir hoffen als Lehrende, dass Menschen im Studium neue Fähigkeiten, neue Wissensbestände, neue Formen des Denkens, der Haltung, vielleicht sogar des Seins erproben und sich anzueignen.

In diesem Kontext hat sich Cornelia Muth die Frage gestellt, welche Rolle Lehrende für die Studierenden während des Studiums haben. Sie ist auf folgende Ideen gekommen: Lehrende (im Sinne von Oevermann) als Krisen-Begleiterinnen, als Lernprozess-/Krisen-Induzierende (Lern-/Krisen-Auslösende), Entwicklungs-Begleiterinnen, als Gegenüber, als Dialog-Partner*innen, als Organisator*innen von Diskussions-Prozessen, als Personen, die Menschen in der Entwicklung ihrer Haltung und ihrer Persönlichkeitsentwicklung begleiten.

Lehrende können idealerweise Studierende ermutigen, Mut zur eigenen Individualität, zum eigenen Ich-Sein zu bekommen. Eine Studentin sagte einmal: „Durch die Seminare bei Frau Muth habe ich gelernt, ich zu sein."

Mit dieser Idee der Individualität verbunden ist die Vorstellung, dass es keine perfekte und gleichförmig handelnden und fühlenden Sozialarbeitenden gibt, die gleich freundlich, gleich aufmerksam, gleich analytisch, gleich distanziert, gleich mitfühlend, gleich methodisch qualifiziert oder den Adressat*innen gleich nah sind. Sondern Frau Muth geht von der Idee aus, dass alle in ihrer Persönlichkeit und in ihren Fähigkeiten verschieden sind und dass alle Wege finden können und sollten, wie sie mit den eigenen Fähigkeiten und der eigenen Persönlichkeit andere Menschen begleiten, unterstützen und beraten können. Dies gelingt nur mit der jeweiligen Individualität der Sozialarbeiter*innen.

Sozialarbeiter*innen sollen bestimmte Fähigkeiten haben, bestimmte allgemeine Wissensbestände, die alle haben. Aber letztendlich, z. B. in der Beziehungsgestaltung, wie wir etwas machen, ist es klug, dass jede*r die eigenen Stärken und Schwächen erkennt und bei einigen Schwächen sagen kann: „Das kann ich nicht" oder „Das will ich nicht" oder „Da will ich daran arbeiten".

Die Idee der Individualität ist, dass jede Person okay ist und auf individuelle Weise den Adressat*innen hilft oder mit ihnen arbeiten kann. In diesem Sinne sind Lehrende Persönlichkeitsentwicklungs-Begleiter*innen. Lehrende sind Personen, an denen sich die Studierenden individuell argumentativ reiben können. Lehrende sollen Wissensbestände zur Verfügung stellen, Lehrende sollen sich mit den Meinungen der Studierenden auseinandersetzen können.

Die Studierenden sollen die Positionen der Lehrenden nicht fraglos, kritiklos, ohne Diskussion/Dialog übernehmen. Sie sollten in ihren Argumentationsfähigkeiten und -strategien geschult werden, um sich eigenen Positionen zu bilden und in der Lage zu sein, diese zu kommunizieren, zu argumentieren, zu überzeugen, überzeugt zu werden. Hier ist für Lernende wichtig, dass Lehrende Diskussionsräume schaffen, damit die Studierenden sich mit der Person der Lehrperson, ihrer Meinung und mit sich selbst auseinandersetzen zu können. Studierende sollten lernen, miteinander zu lernen, sich auseinanderzusetzen, in Teams zu arbeiten, sich Methoden anzueignen.

Dies sind erste Gedanken, die noch einmal eine besondere Herausforderung erleben, jetzt in dem virtuellen Semester, wo in den Corona-Zeiten alles digital werden soll, wo eben nicht die persönliche Begegnung, nicht das Auge in Auge, das von Angesicht zu Angesicht (wie Levinas sagen würde) oder das du zu du (wie Martin Buber sagen würde) wie üblich möglich sind.

Wie gehen wir damit um, dass wir anders miteinander in Kontakt gehen? Wie können wir mit Studierenden kommunizieren, wenn wir uns vielleicht nur gelegentlich hören? Manche machen Videos. Wie kann unsere Aufgabe als Lehrende im Sinne des Persönlichkeits-Entwicklungs-Begleitens gestaltet sein? Wie kann das Motto von Cornelia Muth umgesetzt werden: „Das Menschliche, soweit es noch möglich ist, möglich zu machen."

Soweit einige Gedanken zum pädagogischen Verständnis von Cornelia Muth und zur Aufgabe von Lehrenden.

Praxisentwicklungsforschung[1]

Reinhard Fuhr

Einführung

Viele Jahre lang habe ich in der pädagogischen Praxis gearbeitet und verstehe mich nach wie vor als pädagogischer Praktiker. Gleichzeitig bin ich auch Wissenschaftler und jemand, der Freude am ständigen Weiterlernen hat. Daher war und ist es mein Bemühen seit vielen Jahren, Praxis, wissenschaftliches Erforschen und persönlich bedeutsames Lernen miteinander zu verknüpfen. Während meiner Promotion Ende der 70er Jahre, als mich mein Weg nach zehnjähriger Schulpraxis wieder zur Wissenschaft zurückführte, unterstützte mich Karl-Heinz FLECHSIG, meine Dissertation nach einem Ansatz zu erarbeiten, der Praxisentwicklung und Forschung eng miteinander verkoppelte.[2] Zu dieser Verbindung von wissenschaftlicher Erforschung und Praxis kam in den darauf folgenden Jahren noch ein wesentliches Element hinzu: die Persönlichkeitsentwicklung einschließlich der Selbsterfahrung und Selbstreflexion. Aus- und Weiterbildungen vor allem in Themenzentrierter Interaktion bei Ruth C. COHN und in Gestalttherapie sowie anderen humanistisch-psychologischen und gruppendynamischen Verfahren lieferten mir für diese Dimensionen der Persönlichkeitsentwicklung die erforderlichen Konzepte und Erfahrungen. Meine eigenen Arbeiten und diejenigen, die ich mit meiner Frau Martina GREMMLER-FUHR zusammen veröffentlicht habe zu alternativen Lernkonzepten, zur Beratung, Gestalttherapie und Gestaltpädagogik sowie zur Persön-

---

[1] Für die Freigabe dieses Textes bedanken wir uns recht herzlich bei der Verlag Julius Klinkhardt KG
[2] Karl-Heinz FLECHSIG, Leitfaden zur Praxisentwickelnden Unterrichtsforschung, Angerstein (Zentrum für didaktische Studien), 1979; Reinhard FUHR, Das didaktische Modell Werkstattseminar, Göttingen (Zentrum für didaktische Studien), 1979; Reinhard FUHR, Handlungsspielräume im Unterricht. Lebendige Lernsituationen gestalten und auswerten, Königstein/Ts- (Scriptor), 1979. Mir ist nicht bekannt, dass diese Forschungsrichtung damals weitergeführt wurde.

lichkeitsentwicklung sind seitdem der Versuch, diese Verbindung von pädagogischer Praxis, wissenschaftlicher Erkenntnis und Persönlichkeits- und Gemeinschaftsentwicklung aufrecht zu erhalten und voran zu treiben. Der Verknüpfung dieser üblicherweise sehr getrennt gehaltenen Arbeitsbereiche verdanke ich sehr wesentliche Erkenntnisse und persönliche Einsichten, und mein Interesse und Engagement an dieser Art des Arbeitens ist über all die Jahre sehr lebendig geblieben. Im Laufe der Zeit ist das Konzept der „Praxisentwicklungsforschung" entstanden, das ich hier zusammenfassend darstellen möchte, bevor in nachfolgenden Kapiteln Projekte zur Praxisentwicklungsforschung vorgestellt werden.[3]

Bei dieser Praxisentwicklungsforschung handelt es sich nicht um eine spezielle Forschungs*methode*, auch nicht um einen Forschungs*ansatz*, sondern um ein Forschungs*verfahren*[4]. Unter „Forschungsmethoden" verstehe ich Methoden der Datenerhebung und Auswertung wie etwa „narratives Interview", „Fragebogenerhebung" etc. Unter einem „Forschungsansatz" verstehe ich Verfahrensweisen zur Erkenntnisgewinnung wie etwa „empirische Untersuchung", „Fallanalyse" oder „Längsschnittuntersuchung". Das Konzept der Praxisentwicklungsforschung ist dagegen ein umfassenderer *Rahmen* dafür, wie Praxis in wissenschaftlich nachvollziehbarer und überprüfbarer Weise entwickelt und wie gleichzeitig oder im Anschluss daran Erkenntnisse von verschiedener Reichweite gewonnen werden können. Viele herkömmliche Forschungsmethoden können im Rahmen dieses Forschungsverfahrens ihren Platz finden und Ergebnisse von Forschungsansätzen können genutzt werden. Das

---

[3] Viel verdanke ich denjenigen, die seit Jahren an und mit dieser Konzeption mit mir zusammenarbeiten, vor allem meiner Frau Martina GREMMLER-FUHR sowie Milan SRECKOVIC und einer Vielzahl von Studierenden und ExamenskandidatInnen, von denen ich in Forschungspraktika, Seminaren und bei der Betreuung von Examensarbeiten immer wieder lernen durfte, sowie der kollegialen Unterstützung und Anregung durch Heinrich DAUBER.

[4] Die *Grounded Theory* (A. STRAUSS / J. CORBIN, Grounded Theory Methology, in: N.K. DENZIN / Y.s. LINCOLN (eds.), Handbook of Qualitative Research, London (Sage), 1994, S. 273-285, entspricht m.E. dem gleichen logischen Typus. Auch die Handlungsforschung könnte ich in diese Tradition von Forschungsverfahren einreihen (Peter GSTETTNER, Handlungsforschung, in: Uwe FLICK u.a. (Hrsg.), Handbuch Qualitative Sozialforschung, München (Psychologie Verlags Union) 1991, S. 266-268).

Verfahren fordert jedoch auch dazu heraus, im Verlauf des Forschungsprozesses einige nicht-konventionelle Methoden der Erkenntnisgewinnung und Praxisgestaltung anzuwenden, deren Anerkennung unter den Kriterien der Wissenschaftlichkeit natürlich nicht ohne Weiteres gewährleistet ist, weil es sich vor allem um subjektive und intersubjektive Erfahrungen, Stimmungen, Imaginationen, Eindrücke, Wertentscheidungen oder Weltbilder handelt.

Mit Praxisentwicklungsforschung ist also noch ein Anspruch verbunden, der über die herkömmliche Diskussion von Forschungsmethoden und -ansätzen hinausgeht. Praxisentwicklungsforschung legt einen wesentlichen Akzent auf die *Bewusstheit der Prozesse*, an denen die Forschenden und Praxisentwickler selbst als ganze Person mit ihrem Erleben und Denken teilhaben. Diesem Aspekt ist m.E. die Lebendigkeit und Faszination des Verfahrens zu verdanken, weil auf diese Weise Forschung, praktisches Handeln und persönlich bedeutsames Lernen miteinander verbunden werden können. Ich schließe damit an die Tradition humanistischer Pädagogik und an das Konzept persönlich bedeutsamen Lernens an, auch an die noch expliziter politisch ausgerichtete Tradition der befreienden Erziehung und der Konzeption eines forschenden „Lehrer-Schülers" im Sinne Paulo FREIREs sowie an die Tradition der „Alltagsforschung"[5]. Überdies greife ich Erkenntnisse aus der jüngeren Erkenntnis- und Evolutionsphilosophie um Ken WILBER herum auf.[6]

---

[5] siehe hierzu u.a. Jörg BURMANN, Gestaltpädagogik und Persönlichkeitsentwicklung. Theoretische Grundlagen und praktische Ansätze eines persönlich bedeutsamen Lernens, Bad Heilbrunn (Klinkhardt), 1992; Heinrich DAUBER, Grundlagen humanistischer Pädagogik, Bad Heilbrunn (Klinkhardt), 1997a; Heinrich DAUBER, Lernfelder der Zukunft, Bad Heilbrunn (Klinkhardt), 1997b; Paulo FREIRE, Erziehung als Praxis der Freiheit, Reinbek (Rowohlt), 1977; Paulo FREIRE, Der Lehrer ist Politiker und Künstler, Reinbek (Rowohlt), 1981. Hier könnten noch viele andere Autoren genannt werden wie Ivan IL-LICH oder auch Horst RUMPF. Leider spielt diese Tradition in der Pädagogik und insbesondere in der Forschung heute kaum noch eine oder nur eine marginale Rolle. Zur "Alltagsforschung" siehe auch Reinhard FUHR, Plädoyer für alltägliches Forschen, Gestalttherapie, Sonderheft, 1992, 84-95 und Gerhard PORTELE, Psychotherapieforschung ja, aber wie? Gestalttherapie, Sonderheft, 1992, 96-102.

[6] hier besonders das Buch von Ken WILBER, Naturwissenschaft und Religion, Frankfurt a. M. (Krüger), 1998.

Intentionen der Praxisentwicklungsforschung

Worum geht es bei der Praxisentwicklungsforschung? Zunächst einmal besteht die Aufgabe darin, für einen bestimmten Kontext eine pädagogische Praxis konzeptionell zu entwerfen, konkret zu planen, durchzuführen und auszuwerten, also um das, was zu den täglichen Aufgaben jedes Pädagogen gehört, ganz gleich, ob er ein Training für eine betriebliche Weiterbildung zu organisieren und durchzuführen hat, als *street worker* ein Projekt für Obdachlose weiterführen oder neu entwickeln und realisieren soll, als Erzieher die Vormittage in einem Kindergarten gestalten oder als Lehrer Unterrichtseinheiten entwerfen muss. Jeder Pädagoge hat in unserem Land normalerweise dafür eine Ausbildung genossen, hat Modelle und Methoden kennen gelernt und diese für die Praxis zurechtgestutzt und angereichert und/oder auch für seine Bedürfnisse und Anforderungen in der Praxis vereinfacht.

Diese *Praxisgestaltung* ist der eine Teil der Aufgabe des Praxisentwicklungsforschers.[7] Es geht jedoch nicht um die tägliche Praxisgestaltung, sondern um die Entwicklung einer neuen Praxis. „Neu" heißt dabei erst einmal, dass sie für einen (angehenden) Pädagogen, der solche eine Praxis noch nie gestaltet hat, neu ist. „Neu" kann aber auch heißen, dass der Pädagoge mit der bisherigen Gestaltung (s)einer Praxis nicht zufrieden ist, sie also weiterentwickeln oder einen neuen Ansatz realisieren möchte; dies ist der *innovative* Aspekt forschender Praxisentwicklung.

Als dritter Aspekt dieser Praxisentwicklung kommt die Intention hinzu, *neue Erkenntnisse* zu gewinnen, die – zumal dies ja im wissenschaftlichen Kontext geschieht – in nachvollziehbarer Weise erarbeitet und intersubjektiv überprüft werden müssen, damit diese nach Möglichkeit auch ein Stück weit verallgemeinerbar sind.

Es geht also um die theoretisch begründete, reflektierte und nachvollziehbare Entwicklung einer innovativen pädagogischen Praxis mit dem gleichzeitigen Anspruch an transferierbarem Erkenntnisgewinn für sich und andere (s. Abb. 1). Ein Beispiel: Ich soll

---

[7] Natürlich meine ich mit "Praxisentwicklungsforscher" immer Personen beiderlei Geschlechts, aber ich meine damit auch Projektteams aus zwei oder mehr Personen.

einen Kurs zu Kommunikationsanalyse und -training im beruflichen Alltag von Lehrenden durchführen (*Praxisgestaltung*). Diesen schon häufiger durchgeführten Kurs will ich so verändern, dass das integrale Konzept, das diesem Kurs zugrunde liegt und das die Selbsterfahrung und Selbstreflexion der Kursbeteiligten einschließt, weniger Widerstände[8] auslöst bzw. ein kreativerer Umgang mit den zu erwartenden Widerständen möglich wird (*Innovation*). Ich erhoffe mir davon, mehr über die nicht-wahrgenommenen Ängste von Lehrenden gegenüber Selbsterforschung und Selbstreflexion zu erfahren und über konstruktive Umgehensweisen mit diesen Ängsten (*Erkenntnis*).[9]

Schon aus der Darstellung der Intentionen von Praxisentwicklungsforschung wird deutlich, dass es sich um ein recht komplexes Vorhaben handelt, bei der es eben weder nur um die Entwicklung einer Praxis für den Alltagsgebrauch noch nur um das Hervorbringen von Erkenntnissen (etwa durch Erhebungen in der Praxis) noch nur um die Erarbeitung eines innovativen Produkts im Sinne eines Prototyps für spätere Serienproduktion (etwa eines Curriculums, Kursmoduls oder einer Beratungsmaßnahme) geht. Praxisentwicklungsforschung hat von allem etwas. Das macht ihren Reiz und gleichzeitig ihre Schwierigkeit aus, denn es muss dabei ein hohes Maß an Komplexität verarbeitet und integriert werden.

---

[8] Erfahrungsgemäß werden beim Einbeziehen von Selbsterforschung in dieser Art von pädagogischen Praxen erhebliche Widerstände aktiviert, die bei Lehrenden in einer speziellen Art geäußert und die auf verbreitete Ängste in diesem Berufsfeld zurückzugehen scheinen. Nach dem von mir vertretenen Ansatz werden solche Widerstände geachtet (statt sie zu übergehen oder zu überspringen), und man versucht, sie zu erforschen (statt sie einfach hinzunehmen oder zu vermeiden) (vgl. hierzu auch Edwin C. NEVIS, Organisationsberatung. Ein gestalttherapeutischer Ansatz, Köln (Edition Humanistische Psychologie), 1988; Reinhard FUHR / Martina GREMMLER-FUHR, Faszination Lernen. Transformative Lernprozesse im Grenzbereich von Pädagogik und Psychotherapie, Köln (Edition Humanistische Psychologie), 1988 und dies., Gestalt-Ansatz, Köln (Edition Humanistische Psychologie), ²2002

[9] Ausführlichere Erörterungen dieser Aspekte finden sich im Projektbericht von Martina GREMMLER-FUHR und mir in diesem Band über Kommunikationskurse. Vgl. hierzu auch die hilfreichen Ausführungen von Alfred HOLZBRECHER, Passagen. Lehrerbildung als biografisches Projekt, Pädagogik, 3, 2001, 3843, der zu ganz ähnlichen Komponenten gelangt.

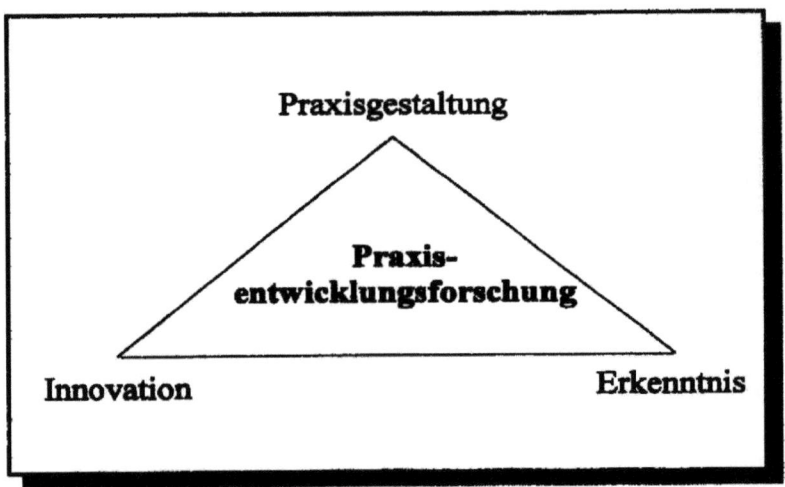

Abb. 1: Intentionen der Praxisentwicklungsforschung

Orientierungsmodell für Praxisentwicklungsforschung

Daher schlage ich einen Leitfaden für das Vorgehen bei Projekten der Praxisentwicklungsforschung vor (siehe Tab. 1). Dieser Leitfaden soll *Orientierung* geben, ohne festzulegen, und er soll gleichzeitig für die Vielfalt möglicher Projekte geeignet sein. Ich werde zunächst das Grundmodell der Praxisentwicklungsforschung als idealtypischen Prozessverlauf darstellen, dann auf die Komponenten etwas näher eingehen und schließlich einige Hinweise zu der Umgehensweise mit diesem Konzept und zu dessen Wissenschaftlichkeitsanspruch geben.

Dieser Leitfaden – dargestellt als lineares Verlaufsmodell – spiegelt natürlich nicht das tatsächliche Vorgehen bei forschender Praxisentwicklung wider, sondern die rekonstruierte und dokumentierte Form (z.B. als Forschungsarbeit oder Projektbericht). Der Entwicklungs- und Reflexionsprozess verläuft viel komplexer, zirkulärer, oft auch chaotischer, und gerade deshalb kann es von Nutzen sein, immer wieder auf ein Geländer zugreifen zu können, an dem man sich entlang hangeln kann.

PRAXISENTWICKLUNGSFORSCHUNG

Aufgabenstellung und Vorgehensweise „Projektantrag"

- Aufgabenstellung für die Praxisentwicklung (PE)
- Persönliche Intentionen
- Methode des Vorgehens bei der PE
- Spezielle und verallgemeinerbare Erkenntnisse, die angestrebt werden können

Kontextbeschreibung und Analyse

- Rahmenbedingungen, unter denen die Praxis stattfinden soll
- Ziele, Intentionen, Teilnehmervoraussetzungen, Strukturen der pädagogischen Maßnahme etc.
- Eigene biografische, professionelle etc. Voraussetzungen

Theoretische Grundlagen

Philosophische Grundannahmen, Theorien und/oder Modelle, die grundlegend für die Aufgaben sind (fokussiert auf den Verwertungszusammenhang).

Pädagogisch-didaktische Prinzipien

- Auswahl von Leitlinien für Auswahl von Anregungsmodellen und Konzepten und für das konkrete pädagogische/didaktische Handeln
- Begründung dieser Prinzipien im Hinblick auf die Aufgabenstellung, den Kontext und die theoretischen Grundlagen sowie die subjektiven Prioritäten

Anregungsmodelle/-konzepte

- Sichten von vorhandenen Konzepten und Modellen, die teilweise oder ganz den Prinzipien (siehe 4.) entsprechen und für den eigenen Kontext (siehe 2.) geeignet erscheinen
- Auswahl einer oder mehrerer Konzepte, die in ihrer Ganzheit oder in Elementen die Grundlage für das eigene Praxiskonzept darstellen können

Eigenes Praxiskonzept

Darstellung des eigenen Konzepts unter Rückgriff auf Anregungsmodelle/-konzepte und Prinzipien sowie unter Berücksichtigung des Kontextes

Planung, Durchführung und Auswertung der Praxis

- Konkrete beabsichtigte Vorgehensweisen mit evtl. Zielen/Intentionen, Ablaufplänen, Materialien, Aktionen etc.
- Planung und Durchführung evaluativer Maßnahmen (Beobachtung, Selbsteinschätzung, Interviews, etc.)
- Dokumentation der Praxis und ihrer Ergebnisse

Fazit, Prozessreflexion und Perspektiven

- Systematische und zusammenfassende Darstellung der Ergebnisse im Hinblick auf die Aufgabenstellung (siehe 1.)
- Prozessreflexion des gesamten Projektverlaufs
- Perspektiven für die mögliche Weiterentwicklung der Praxis
- Persönliche und theoretische Erkenntnisse einschließlich ihrer Reichweite

Aufgabenstellung und Vorgehensweise

Es geht hier zunächst um eine vorläufige Projektplanung, die beispielsweise für eine Antragsstellung benötigt wird. Dabei sollten die Aufgaben und Intentionen des Gesamtprojekts ebenso deutlich werden wie die beabsichtigten Vorgehensweisen.

Aufgabe und Intention

Als Praxisentwicklungsforscher,[10] wie ich diese Sphinx aus Praxisentwicklung und wissenschaftlichem Forscher nenne, muss ich mir zunächst Klarheit darüber verschaffen, was ich mit meinem Projekt anstrebe, sowohl in den pragmatischen Dimensionen des Machens und innovativen Gestaltens als auch in der Erkenntnisdimension (vgl. Abb. 1). Es geht also um eine *projektbezogene Aufgabenstellung*, die auch den Innovationsaspekt und den erhofften Erkenntnisgewinn einbezieht. Die Formulierung der Aufgabenstellung hat einen ähnlichen Stellenwert wie die Fragestellung oder Hypothesenformulierung bei empirischen Forschungsvorhaben, ist jedoch um einiges komplexer.

Die Überlegungen dienen einerseits dazu, dass ich Institutionen und Teilnehmer, evtl. auch Mitarbeiter und Betreuer, für mein Praxisprojekt gewinne. Es geht also um Fragen wie:

- Worum geht es überhaupt – um ein Seminar, eine Unterrichtseinheit oder um eine Einzelveranstaltung, ein Beratungsprojekt, eine Fortbildungsmaßnahme in einem Betrieb, die Animation in einem Urlaubshotel oder ein umfangreicheres pädagogisches Projekt?

---

[10] Praxisentwicklungsforschung, wie sie hier konzipiert wird und wie wir sie bisher erprobt haben, kann durch einzelne Personen oder überschaubare Teams durchgeführt werden. Wenn ich von "ich" spreche, meine ich immer diese/n "Projektleiter". Für ganze Institutionen müsste das Konzept erheblich erweitert werden; gegenwärtig sehe ich im Zuge der "Qualitätsprüfungswelle" allerdings kaum Möglichkeiten, in unserem Bildungs- und Wissenschaftsinstitutionen solch einen Ansatz zu realisieren, obwohl er sich zentral um "Qualität" kümmert, die jedoch nur sehr partiell messbar und quantifizierbar ist. Eine der wenigen mit bekannten Ausnahmen auf institutioneller Ebene ist die Gründung des Lehrerbildungszentrums Kassel.

- Wer soll daran beteiligt sein (Leiter, Organisatoren, Begleitpersonen etc.) und wer sollen die Adressaten sein?
- Wer ist der Träger und wer hat welche Rechte, wer zahlt dafür und wer steht für das, was geschieht, gerade?
- Welche Ziele, Zwecke und Aufgaben sind mit der pädagogischen Praxis selbst verbunden?

Zum anderen geht es um die *Intentionen des Praxisentwicklungsforschers*, die mit dem Gesamtprojekt verknüpft werden, also beispielsweise:

- Welche (neuen) Vorstellungen und Ideen will ich (oder das Team) in diesem Praxisentwicklungsprojekt realisieren und erproben?
- Welche neuen Erkenntnisse hoffe ich dabei zu gewinnen?
- Welche Erkenntnisse, die über den Spezialfall meiner zu entwickelnden Praxis hinaus gehen, können bei dem Projekt herauskommen?

Vorgehensweise und Evaluierung

Unter diesem Gesichtspunkt geht es darum zu überlegen, wie ich vorgehen will, d.h. welche *Schritte* ich voraussichtlich vollziehen werde und in welcher Abfolge und Verschränkung einschließlich rekursiver Schleifen, die notwendig sind. Es geht hier um Fragen wie:

- Welche der im Orientierungsmodell vorgesehenen Schritte sind für mein Vorhaben wichtig, welche sind weniger wichtig oder können vielleicht auch ganz weggelassen werden?
- Wie will ich die Kategorien von der Kontextanalyse bis zur Auswertung und Prozessreflexion voraussichtlich füllen?

Ein zweiter Fragenkreis dreht sich um die *fortlaufende* Überprüfung und Evaluierung der Projektentwicklung und Erkenntnisgewinnung. Die Kernfrage hierbei ist:

- Wie will ich sicherstellen, dass die einzelnen Schritte der Praxisentwicklung immer wieder in rekursiven Schleifen auf Stimmigkeit und *vermeidbare* Widersprüche hin überprüft werden?

Es geht an dieser Stelle noch *nicht* darum, die Methoden aufzuführen, die in der pädagogischen Praxis oder zur Evaluation der Praxis eingesetzt werden sollen (also beispielsweise Gruppenarbeit, Rollenspiel, Moderationsmethoden, kreative Methoden bzw. um teilnehmende Beobachtung, Interviews etc.). Wir befinden uns noch auf der Ebene der Konzipierung des Gesamtprojekts forschender Praxisentwicklung; davon sind die Praxisdurchführung mit dem Einsatz von didaktischen Methoden und Evaluationsverfahren nur Teilbereiche und müssen ja erst entwickelt werden.

Kontextbeschreibung und Kontextanalyse

Bei der Kontextanalyse mache ich mir Gedanken darüber, welches die Voraussetzungen für die *Realisierung des Projekts* auf allen Seiten sind. Auch dafür wieder beispielhaft einige Fragen, die dabei eine Rolle spielen können:

- Welches sind die institutionellen Voraussetzungen, also die Erwartungen, Bedingungen, Rahmenvorgaben etc. der Träger der pädagogischen Praxis?[11]
- Wieviel Zeit, welche Mittel, Gratifikations- und Sanktionsmöglichkeiten stehen zur Verfügung?
- Wie ist das kulturelle und politische Umfeld, in dem die Praxis stattfinden soll?
- Welches sind die Voraussetzungen an Wissen, Motivation, Bereitschaft, Erwartungen etc. der voraussichtlichen oder der schon bekannten Teilnehmer, und welche Regeln, Werte usw. herrschen in dem gegebenen Kontext vor?
- Welches sind die Voraussetzungen des Praxisprojektforschers selbst?

---

11 Auch wenn ich die Praxis in Eigenregie durchführe, gibt es äußere Rahmenbedingungen, die ich berücksichtigen muss, etwa rechtliche Vorschriften, Jahreszeiten und Ferienzeiten, Möglichkeiten der Werbung von Teilnehmern usw.

Dies alles sind hinlänglich bekannte Aspekte einer Praxisentwicklung bis auf die letzte Frage nach den *Voraussetzungen der Hauptakteure selbst*. Seltsamer Weise wird dieser Aspekt in fast allen Büchern für Praxisentwicklung, die ich kenne, unterschlagen, vergessen, verdrängt oder was auch immer. Es ist beispielsweise immer viel von der Motivation und den Lernvoraussetzungen von Schülern und Teilnehmern oder Klienten die Rede, aber so gut wie nie von denen der Professionellen.[12]

Bei diesem Aspekt geht es also um das Bewusstwerden der eigenen Voraussetzungen der Lehrenden und (An-)Leitenden, die für eine Praxisentwicklung eigentlich die wichtigste ist, falls wir nicht davon ausgehen, dass Konzepte und Methoden ohne den „Faktor Mensch" in sinnvoller Weise zu realisieren wären; es geht, genauer gesagt, um die persönlichen, einstellungsmäßigen und professionellen Voraussetzungen der für die Realisierung und Erforschung der für die Praxis Hauptverantwortlichen. Fragen, die dazu anregen können, sind etwa:

- Wie stehe ich zu der Thematik und den Inhalten der Maßnahme?
- Was ist meine Motivation und welche Motive bewegen mich, was sind vielleicht meine Widerstände und/oder gar traumatischen Vorerfahrungen in diesem Bereich?
- Was sind meine Einstellungen, Vorstellungen, Kenntnisse und Erfahrungen in dem Aufgaben- und Themenbereich und mit der Klientel?
- Welches sind meine subjektiv und kulturell bedingten Wertorientierungen und Prioritäten?

---

[12] Dies drückt sich schon in der fast zwingenden Erwartung an heutige Studienreferendare aus, in jedem Fall "schülerorientierten" Unterricht zu gestalten. Als Gegenbewegung gegen "lehrerzentrierten" Unterricht mag dies verständlich sein, aber es bleibt ein sehr einseitiges Vorhaben, wenn nicht auch die Person des Lehrers (professionell und persönlich) dabei eine Rolle spielen darf. Die Selbsterforschung und -reflexion der Lehrenden und (An-)Leitenden ist ja die Grundlage dafür, dass sie professionell weiter lernen und sich persönlich weiter entwickeln können. Ausnahmen von der Verleugnung dieses selberforschenden Moments bilden Lehrbücher über Unterrichts- oder Seminarplanungen auf der Grundlage etwa der Themenzentrierten Interaktion oder Gestaltpädagogik.

- Und schließlich: Auf welche professionellen oder semiprofessionellen Kompetenzen kann ich bei dem Projekt zurückgreifen?

Theoretische Grundlagen und empirische Forschungsbefunde

Da wir das Rad nicht immer wieder neu erfinden sollten, ist es wichtig, dass wir uns in dieser Phase des Projekts auch vergewissern, auf welche theoretischen und empirischen Grundlagen wir zurückgreifen können. Zu den theoretischen Grundlagen gehören philosophische, psychologische, pädagogische oder soziologische Theorien. Auch die philosophischen oder erkenntnistheoretischen Grundlagen bestimmter pädagogischer Konzeptionen können herangezogen werden, wie beispielsweise die Prämissen humanistischer Pädagogik, wenn ich später Anregungsmodelle und Methoden etwa des Psychodramas und Rollenspiels oder der Themenzentrierten Interaktion nutzen möchte; oder die der Spieltheorie, wenn ich spielerische Elemente, oder Erkenntnisse der Kreativitätsforschung, wenn ich kreative Methoden verwenden möchte, oder psychologische bzw. lerntheoretische Überlegungen, wenn es um die Lernförderung einer bestimmten Klientel geht. Auch empirische Befunde können hinzugezogen werden, sofern Untersuchungen vorliegen, etwa über die Adressaten und Teilnehmer oder über die Wirkung bestimmter Vorgehensweisen.

Für Praxisentwicklungsforschung brauche ich diese Theorien und Forschungsbefunde jedoch nicht im Einzelnen und ausführlich zu rekonstruieren (das ist in aller Regel in vielen anderen Arbeiten und Büchern schon geschehen), sondern ich kann mich auf die für meine Aufgabe wichtigen Aspekte beschränken bzw. die Theorien und Forschungsergebnisse unter bestimmten, für mein Projekt relevanten Aspekten durchforsten und auswerten. Wie umfangreich die Darstellung der theoretischen und empirischen Grundlagen geschehen muss, hängt vom Anspruch ab, den ich selbst habe und der von der Funktion der Arbeit vorgegeben ist – er wird also bei einer Seminararbeit ein anderer sein als bei einer Magister- bzw. Diplomarbeit, Dissertation oder einem freien Projekt.

Pädagogisch-didaktische Prinzipien

Die Prinzipien und ihre Begründung, von der nun die Rede sein soll, bilden eine zentrale Komponente der Praxisentwicklungsforschung. Unter Prinzipien verstehe ich *Leitlinien des Handelns*, an denen sich die Beteiligten bei der Entwicklung und Auswertung der Praxis von den ersten Überlegungen, Ausschreibungen, Werbemaßnahmen bis hin zur Evaluation und den Abschlussberichten bewusst orientieren. Ich nenne sie „pädagogisch-didaktisch", da sich der Begriff „didaktisch" meist nur auf methodische Fragen, ggf. noch auf die inhaltliche Strukturierung beschränkt, also letztlich auf Unterricht, und nicht etwa die Art der Ausschreibung und Werbung für die Teilnahme an der pädagogischen Praxis oder die Maßnahmen der Auswertung, und sich auch nicht auf pädagogische Beratungs- und Betreuungsprojekte aller Art bezieht.

Ich halte es deshalb für sinnvoll, solche Prinzipien auszuformulieren, zu gewichten und zu begründen, da sie deutlich werden lassen, worauf es mir in der Praxis ankommt und was auf jeden Fall vermieden werden soll. *Pädagogisch-didaktische Prinzipien sind quasi die Visitenkarte des Praxisentwicklungsforschers in der Außenwirkung und Entscheidungshilfen für das Handeln in der Innenwirkung.*[13]

Mit Prinzipien meine ich aber nicht *Handlungsregeln*[14], die vorherbestimmen und festschreiben, was zu tun sei. Prinzipien eröffnen Freiräume, die viele Handlungsalternativen zulassen, und gleichzeitig legen sie Grenzen fest, die nicht überschritten werden dürfen. In der Selbstorganisationstheorie nennt man solche Prinzipien „Proskripte" im Gegensatz zu vorschreibenden Regeln, den „Präskripten".[15]

---

[13] vgl. auch Horst SIEBERT, Didaktisches Handeln in der Erwachsenenbildung Berlin (Luchterhand), 1997
[14] Dieses (Miss-)Verständnis ist mir vor allem im anglo-amerikanischen Raum begegnet.
[15] Gerhard PORTELE, Der Mensch ist kein Wägelchen. Gestaltpsychologie, Gestalttherapie, Selbstorganisationstheorie, Konstruktivismus, Köln (Edition Humanistische Psychologie), 1992, S. 21; Reinhard FUHR / Martina GREMMLER-FUHR, Gestalt-Ansatz, Köln (Edition Humanistische Psychologie), 1995. S. 108 ff.

Solche Prinzipen spiegeln auch die philosophischen und erkenntnistheoretischen Grundannahmen des Projektforschers sowie Annahmen und Erkenntnisse aus dem Bereich pädagogisch-psychologischer Theoriebildung und empirischer Forschung wider. Die Prinzipien stehen letztlich in einem Spannungsfeld von Aufgabenstellung, Kontext, theoretischen und empirischen Grundlagen sowie den eigenen Erfahrungen und Intentionen des Praxisentwicklungsforschers (Abb. 2). Es handelt sich also um eine Spezifizierung des in Abb. 1 dargestellten Grundanliegens der Praxisentwicklungsforschung. Die Prinzipien werden, um dies noch einmal deutlich hervorzuheben – nicht in *deduktiver* Weise aus der wissenschaftlichen Theorie abgeleitet, sondern in dem genannten Spannungsfeld ermittelt und im Hinblick auf die Komponenten dieses Feldes (Aufgabe, Kontext, wissenschaftliche Erkenntnis sowie eigenen Erfahrungen und Intentionen) begründet. Damit kommt den Prinzipien eine Scharnierfunktion bei der Verknüpfung von Praxis und Theorie zu. Dies soll in einem Exkurs untermauert werden.

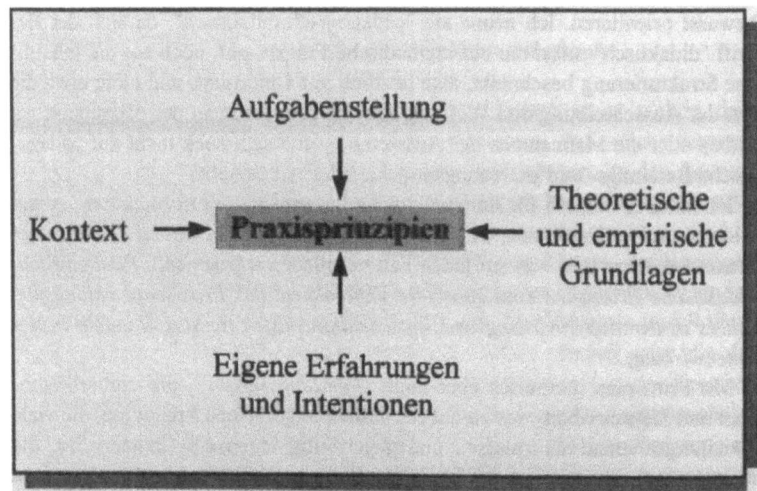

Abb. 2: Begründungskomponenten für
pädagogische Praxisprinzipien

Exkurs: Struktur der Theorie

Jede pädagogische Praxis – von dieser Grundannahme gehe ich aus – folgt einer Reihe von philosophischen, ethischen und übergreifenden theoretischen Vorannahmen, von denen die meisten im professionellen Alltag unbewusst bleiben. Andererseits gilt auch, dass Praxismaßnahmen bestimmte solcher Vorannahmen *mittransportieren*, meist unbemerkt – und diese können sehr wohl im Widerspruch stehen zu den beabsichtigten Wirkungen einer pädagogischen Maßnahme. Im pädagogischen Alltag ist dies wohl unvermeidlich, da wir sonst vor lauter Nachdenken kaum noch handlungsfähig wären. Wenn wir Praxis jedoch forschungsmäßig entwickeln wollen, halte ich es für notwendig, dass wir unsere Prämissen so weit wie möglich aufklären und auch immer wieder überprüfen und uns andererseits auch bewusst werden, welche impliziten Vorannahmen wir mit den von uns gewählten Methoden oder Interventionen mit transportieren.

Es handelt sich dabei um eine ganze Fülle von Vorannahmen, die ich ordnen möchte, um eine aufgeklärtere Auswahl der Begründungselemente für Praxisentwicklungsforschung zu erleichtern.[16] Ich greife dafür auf ein Modell zurück, das drei Theorieebenen sozialwissenschaftlicher Ansätze verdeutlicht, die zwar miteinander zusammenhängen, aber doch voneinander in ihrem Abstraktions- und Allgemeinheitsgrad unterschieden werden können.

Die allgemeinste Ebene ist die der *Metatheorie*, also die der Erkenntnistheorie, Ethik und der übergreifenden Theorien. Es handelt sich um Annahmen, die nicht nur für pädagogische Ansätze, schon gar nicht für eine bestimmte pädagogische Praxis gelten, sondern viel umfassender und gleichwohl für die pädagogische Theoriebildung und Praxis höchst bedeutsam sind. Die mittlere Ebene betrifft *disziplinäre pädagogische Theorien, die konkreteste Ebene ist die der Praxistheorie* (Tab. 2).

---

[16] Hilarion PETZOLD, Integrative Leib- und Bewegungstherapie, Paderborn (Junfermann), 1988; Reinhard FUHR / Milan SRECKOVIC / Martina GREMMLER-FUHR, Einführung, in: FUHR, Reinhard / SRECKOVIC, Milan / GREMMLER-FUHR, Martina (Hrsg.): Handbuch der Gestalttherapie, Göttingen (Hogrefe), 2001, S. 1-11

Auch bei diesem Modell handelt es sich um ein *Orientierungsmodell*. Die einzelnen Theorie-Ebenen und deren Teilbereiche müssen bei einem Projekt zur Praxisentwicklung nicht etwa systematisch abgearbeitet werden; denn das Modell dient vor allem der Selbstaufklärung und der gemeinsamen Reflexion. Es kann uns darüber aufklären, auf welche theoretische Ebene – etwa bei der Begründung der Praxisprinzipien – wir jeweils Bezug nehmen oder Bezug nehmen sollten.

Den pädagogisch-didaktischen Prinzipien kommt dabei ein spezieller Stellenwert zu. Sie bilden das Scharnier zwischen den sehr praxisnahen Überlegungen zu den Planungskonzepten, dem Methodenrepertoire und den Evaluationsmethoden etc. einerseits und deren Begründungen auf abstrakteren theoretischen und metatheoretischen Ebenen andererseits. Prinzipien stehen also zwischen dem, was gemeinhin noch zur Praxis zählt, und der Theorie bzw. Philosophie.

Diese Orientierung an Prinzipien ist in der qualitativen Sozialforschung nicht neu, auch wenn sie bisher wenig verbreitet ist. Sie schließt an Überlegungen an, die Gregory BATESON zusammen mit Margaret MEAD bei ihren Erforschungen der balinesischen Kultur in den vierziger Jahren anstellten. Sie suchten dort nach dem *Ethos* der Kultur, dem Grundmuster, das alle Handlungen (einschließlich der Körperhaltungen) der Menschen umfasste: „Das Muster, das verbindet", wie es später in BATESONs Werken hieß.[17] Das Ethos wird in dieser Art von Forschung *rekonstruiert*. In unserem Fall geht es nun nicht um eine Rekonstruktion, sondern um eine *Vorwegnahme*, eine Absichtserklärung, welche Grundmuster sich in allen Haltungen und Handlungen der Beteiligten nach Möglichkeit in der Praxis zeigen sollen. Diese vorweggenommenen Grundmuster oder dieses Ethos nenne ich „pädagogisch-didaktische Prinzipien". Dass diese Prinzipien meist nicht in linearer Weise operationalisiert werden können, versteht sich ebenso von selbst wie die Tatsache, dass sie nur partiell empirisch überprüfbar sind, solange man unter empirisch „reliabel, valide und objektiv"

---

[17] Gregory BATESON, Ökologie des Geistes, Frankfurt a. M. (Suhrkamp), 1981, S. 156 ff.

versteht. Empirisch im Sinne der Erfahrung sind sie sehr wohl überprüfbar,[18] und es spricht auch nichts dagegen, einige Aspekte dieser Prinzipien empirisch im herkömmlichen Sinn zu überprüfen oder empirische Forschungsergebnisse zu nutzen.

Im Folgenden will ich eine – natürlich nur beispielhafte – Liste von möglichen Prinzipien für Praxisentwicklungsforschung anbieten (siehe Tabelle 3).

Aus dieser Vielzahl möglicher Prinzipien müssen wir eine Auswahl treffen und uns daher entscheiden, welche dieser Prinzipien Geltung oder Priorität haben sollen. Dabei hat sich die Zahl *drei* oder *vier* ganz gut bewährt. Es geht nicht darum, alles, was gut und teuer ist, als Handlungsleitlinie anzuführen. Dann werden die Prinzipien zur Ideologie und verlieren ihre unterscheidende und orientierende Wirkung, ganz abgesehen davon, dass dann auch nicht mehr überprüfbar ist, welche von den vielen Prinzipien wie mit praktischen Realisierungen zusammenhängen.

Auch wenn wir pädagogische Praxis rekonstruieren, können wir pädagogisch-didaktische Prinzipien herauskristallisieren, ohne dass diese explizit ausgewiesen sind. Die meisten für weithin gültig erklärten Evaluationsinstrumente für Lehrveranstaltungen beispielsweise gehen implizit von ganz bestimmten (manchmal recht widersprüchlichen) Prinzipien aus, die keineswegs als allgemein gültig anzusehen sind, sondern eine ganz bestimmte Vorstellung von Lernen und Leiten transportieren. Wenn man also – wie in vielen Fragebogen zur Evaluation universitärer Lehrveranstaltungen – einschätzen soll, ob der Leiter die Ziele des Unterrichts, Seminars oder Kurses klar ausgewiesen hat, geht man ganz selbstverständlich davon aus, dass es in jedem Fall gut sei, solche Ziele vorab klar zu formulieren. Aber es gibt etliche Unterrichts- und Seminarkonzepte, die gerade nicht von vorgegebenen Zielen ausgehen. Die Praxis pädagogischer Evaluation folgt hier also ganz bestimmten (unausgewiesenen) Prinzipien und trifft pädagogisch-didaktische Festlegungen, die man keineswegs teilen muss.

---

18 Auf diese Einengung des Begriffs "empirisch" auf Datenerhebungen und -auswertungen nach den Gütekriterien von Wissenschaftlichkeit hat Ken WILBER ausführlich hingewiesen: Ken WILBER, Naturwissenschaft und Religion, Frankfurt a.M. (Krüger), 1998

Tabelle 2: Struktur pädagogischer Theoriebildung

Metatheorie

Erkenntnistheorie
Anthropologie
Ethik
Gesellschaftstheorie
Kommunikationstheorie
Lerntheorie

Theorie des Pädagogik-Konzepts

Bildungstheorie
Persönlichkeitstheorie
Entwicklungstheorie
Leitermodelle
Gruppendynamische Theorie
Diagnostik
Evaluationstheorie
Aus- und Weiterbildungskonzepte für PädagogInnen

PRAXISPRINZIPIEN

Praxistheorie
Konzepte zur Gestaltung von Lehr-/Lehrsituationen
Planungsmodelle
Methodenrepertoire
Interventionsstrategien
Evaluationsverfahren und -instrumente
Praxiskonzept für spezielle Anwendungsfelder

Tabelle 3: Pädagogisch-didaktische Prinzipien – Beispiele

**Pädagogisch-didaktische Prinzipien
- Beispiele -**
- → Lernzielorientierung
- → Qualifikationsorientiertung
- → Prüfungsrelevanz
- → Praxisnähe
- → Fachwissenschaftliche Fundierung
- → Interdisziplinarität
- → Teilnehmerorientierung
- → Handlungsorientierung
- → Problemorientierung
- → Lösungsorientierung
- → Nachhaltigkeit
- → Selbststeuerung/ -organisation
- → Ganzheitlichkeit
- → Balanceprinzip zwischen Subjekt, Gruppe und Thema
- → Prozeßorientierung
- → Persönliche Bedeutsamkeit
- → Selbsterfahrungsorientierung
- → Dialogorientierung
- → ...

Viele der Prinzipien, die in Tabelle 3 beispielhaft aufgeführt sind, würden sich bei gleichzeitiger Auswahl widersprechen. „Zielorientierung" und „Teilnehmerorientierung" etwa schließen sich weitgehend aus: Wenn ich als Leiter einer Lerngruppe bestimmte überprüfbare Ziele erreichen soll, kann ich die Wünsche und Interessen der Teilnehmer bestenfalls im Hinblick auf die Lernwege berücksichtigen, nicht aber im Blick auf die Inhalte und Ziele. Auch „Nachhaltigkeit" und „Prüfungsrelevanz" dürften sich weitgehend ausschließen, und „Prüfungsrelevanz" wiederum verträgt sich wohl nur selten mit „persönlicher Bedeutsamkeit"; „Problemorientierung" und „fachwissenschaftliche Fundierung" könnten ebenso ein Konfliktpotential beinhalten (sofern man „Probleme" nicht nur eng fachwissenschaftlich versteht), und „Selbsterfahrungs-" und „Lösungsorientierung" schließen sich weitgehend aus.

Da die Wahl der Prinzipien und ihre Begründung meist erhebliche Schwierigkeiten bereiten, will ich ein Beispiel im Hinblick auf diese Prinzipien kurz skizzieren.

Beispiel für Prinzipienformulierung

Die pädagogische Praxis soll in der Gestaltung eines Kommunikationsseminars für Lehrende bei einer staatlichen Weiterbildungsinstitution bestehen. Die für diese Maßnahme Verantwortlichen haben sich als aufgeschlossen gegenüber Konzepten gezeigt, die nicht nur verhaltens- und lösungsorientiert sind, da sie sich von alternativen Konzepten einen besseren Transfer und eine längerfristige Wirkung versprechen. Es handelt sich ein fünftägiges Seminar mit 20 Teilnehmern unter einem professionell erfahrenen Leitungsteam von zwei Personen. Die *Aufgabe* besteht darin, zu einer verbesserten Kommunikation der Teilnehmer im beruflichen Alltag mit Kollegen und Studierenden/Schülern beizutragen.

Die Projektforscher wählen drei pädagogisch-didaktische Prinzipien für ihre Konzeption aus:

- Verstehensorientierung,
- Dialogorientierung,
- Ganzheitlichkeit.

Diese drei Prinzipien können (in Kurzform) wie folgt begründet werden:

Verstehensorientierung. Dem Verstehen von Kommunikationsprozessen und der Bewusstheit der Teilnehmer soll in diesem Seminar Vorrang vor der Aktions- und Lösungsorientierung gegeben werden. Die Teilnehmer sollen ihre alltäglichen Kommunikationsformen besser kennen lernen einschließlich der Wirkungen auf sie selbst und ihre Umwelt, und sie sollen angeleitet werden, verantwortlich damit umzugehen. Das Verstehen von Kommunikationsprozessen hat demnach Priorität gegenüber der Einübung von Kommunikationsformen (wie z.B. „Spiegeln" oder „Ich-Aussagen formulieren"). Begründet wird dieses Prinzip mit entwicklungstheoretischen Annahmen und humanistisch-psychologischen Prämissen, aber auch empirischen Erkenntnissen über die Grenzen von Verhaltensmodifikation bei tiefersitzenden Kommunikationsmustern.

Dialogorientierung. In diesem Kurs sollen Formen der Kommunikation unterstützt werden, die den Anderen in seinem Anderssein respektieren und zu verstehen suchen; andere oder gegensätzliche Positionen sollen akzeptiert werden, ohne dass sie in jedem Fall für gut geheißen werden müssen; konkurrenzorientierte Kommunikationsformen oder verbale Machtkämpfe sollen aufgedeckt und Alternativen dazu aufgezeigt werden. Diese Dialogorientierung gilt natürlich auch für die Leiter des Seminars in ihrer Kommunikation mit den Teilnehmern und untereinander.

Begründet wird dieses Dialogprinzip u.a. mit der (existentialistischen) Philosophie der Dialogik und mit kommunikationstheoretischen Erkenntnissen.

Ganzheitlichkeit. Dieses Prinzip bezieht sich auf die Ganzheit der Person als Einheit von Körper, Bewegung, Empfindung, Gefühl und Intellekt; es bezieht sich aber auch auf die Einbettung der Person in ein Umweltfeld, in das die Person in ständigen Wechselbeziehungen eingebettet ist. Ein drittes Moment von Ganzheitlichkeit bezieht sich darauf, dass Kommunikationsphänomene auf viele verschiedene Perspektiven hin untersucht werden sollen, also nicht nur auf inneres Erleben (im Sinne humanistisch-psychologischer Vorstellungen), aber auch nicht nur auf Kommunikationsverhalten und systemische Dynamiken hin; vielmehr sollen alle Perspektiven zu einem möglichst ganzheitlichen Verständnis von Kommunikationsprozessen herangezogen werden.

Dieses Prinzip wird mit gestaltpsychologischen und lerntheoretischen Annahmen (nicht nur im Sinne des Behaviorismus, sondern auch z.B. des Konstruktivismus und humanistisch-psychologischer Theorien) begründet. Die Folge dieses Prinzips auf die Methodik im Seminar dürfte sein, dass die Arbeitsformen alle Aspekte der Person einbeziehen müssen (also nicht nur verbale und kognitive) und dass sowohl innerpersönliches Erleben als auch beobachtbare Verhaltensweisen und systemische Dynamiken, Wertorientierungen und Rollenerwartungen zur Sprache kommen und eindimensionale Erklärungen und Ursachen-Zuschreibungen nicht unterstützt werden.

An diesem (hier nur sehr verkürzt skizzierten) Beispiel sollte deutlich werden, dass mit der Wahl von Prinzipien auch ganz bestimmte Optionen erfolgen hinsichtlich philosophischer und ethischer Positionen der Leiter, und dass sich andererseits ganz praktische methodische Konsequenzen aus den gewählten Prinzipien ergeben. Gleichzeitig sollte gezeigt werden, dass die Wahl der Prinzipien auch abhängig ist von den Kontextbedingungen:

Ein Kommunikationsseminar mit dieser Ausrichtung dürfte für ein Verkaufstraining ungeeignet sein, weil die Auftraggeber vermutlich andere – stärker verhaltens- und lösungsorientierte Vorgehensweisen – verlangen. Auch wäre es beispielsweise für Seminarleiter, die Anfänger in diesem Themenbereich sind, eine Überforderung, sich ohne eine fest geplante Struktur, wie es eine konsequente Dialogorientierung erfordert, auf den Gruppenprozess mit den Seminarteilnehmern einzulassen. Unter anderen Bedingungen und anderen Schwerpunktsetzungen müssten also ganz andere Prinzipien für einen inhaltlich vergleichbaren Kurs gewählt und begründet werden.

Anregungsmodelle

Für die meisten pädagogischen Praxisaufgaben gibt es schon eine Fülle mehr oder weniger gut dokumentierter Modelle und Konzepte. Aus diesem Repertoire können wir Vorlagen auswählen oder sie als Steinbrüche benutzen. Entscheidend ist allerdings, welche dieser Modelle und Konzepte mit den pädagogisch-didaktischen Prinzipien, für die ich mich jeweils entschieden habe, vereinbar sind und zur Aufgabe sowie zum Kontext passen.

Wenn ich hier von Anregungsmodellen spreche, meine ich nicht einzelne Praxisbeispiele, sondern umfassendere Ansätze wie etwa Themenzentrierte Interaktion (TZI) oder Gestaltpädagogik, die thematische Untersuchung nach Paulo FREIRE, das freie Schreiben nach FREINET, lernzielorientierten Unterricht, erlebnispädagogische Ansätze, das szenische Spiel, Soziodrama oder Bibliodrama oder auch feldspezifische Ansätze wie das Empowermentkonzept in der Altenbildung oder heilpädagogisches Reiten für Kinder. In jedem Fall sollte es sich um – auch theoretisch möglichst gut begründete – Konzepte handeln, die eine Vielzahl von Methoden beinhalten können. Eine einzelne Methode wie Rollenspiel, Fantasiereise oder aktives Zuhören liegt also „unterhalb" dessen, was ich unter Anregungsmodellen verstehe. Aber natürlich werden auch diese Methoden in der Praxiskonzeption dann eine Rolle spielen.

Für den Umgang mit Anregungsmodellen gibt es verschiedene Möglichkeiten:

- Wenn bereits ein passendes Konzept vorliegt, das auch mit meinen Prinzipien verträglich ist, ich dieses Konzept jedoch in einem anderen Kontext verwenden möchte als der Autor oder die Autorinnen des Konzepts, muss ich das vorliegende Konzept transferieren und modifizieren.
- Wenn sich bei genauerem Hinschauen herausstellt, dass das gewählte Anregungsmodell zwar zum Kontext passt, aber in einiger Hinsicht nicht mit den gewählten Prinzipien übereinstimmt, bedarf es ebenfalls der Modifikationen und/oder Ergänzungen.
- Häufig ist aber keines der vorliegenden Anregungsmodelle unmittelbar für den Kontext des Projekts geeignet, und sie stimmen oft auch nicht oder nicht gut mit den Prinzipien überein, die der Praxisentwicklungsforscher ausgewählt hat. In diesem Fall muss ich nicht nur ein Anregungsmodell prüfen, sondern mehrere, um das für mein eigenes Konzept herauszuziehen, was für mich nützlich und stimmig ist. Ich verwende die Anregungsmodelle als Steinbruch für ein neues Gebäude.

Die Darstellung der Anregungsmodelle in der Dokumentation des Projekts ist meist insofern ein Problem, als es ja gar nicht sinnvoll wäre – sagen wir – das gesamte TZI- oder FREIRE-Konzept vorzutragen. Es gilt vielmehr, das gewählte oder die gewählten Anregungskonzept(e) unter einer bestimmten *Perspektive* zu rekonstruieren. Diese Perspektive ist – um es noch einmal zusammenzufassen – gegeben durch

- die Aufgabenstellung,
- die theoretischen und empirischen Grundlagen,
- den Kontext der pädagogischen Praxis,
- die ausgewählten Prinzipien.

Nach der Sichtung der Brauchbarkeit der Anregungsmodelle oder deren Komponenten für das Praxisentwicklungsprojekt sollte die Basis deutlich werden, auf welche das *eigene Konzept* für die pädagogische Praxis dann gestellt werden kann. So können wir die Arbeit unserer Vorgänger würdigen und weiterführen.

Eigenes Konzept für die Praxis

Die Grundlagen für die Entwicklung eines eigenen Konzepts für die pädagogische Praxis sind nunmehr geschaffen:

- Die Aufgabenstellung des Gesamtprojekts und die Vorgehensweise sind geklärt,
- der Kontext, in dem die pädagogische Praxis stattfinden soll, wurde beschrieben und analysiert,
- die erforderlichen theoretischen Grundlagen wurden gesichtet,
- die Praxisprinzipien wurden ausgewählt und begründet,
- vorhandene pädagogisch-didaktische Modelle und Konzepte, die Grundlage für die eigene Praxis sein können, wurden gesichtet und ausgewertet.

Auf dieser Grundlage kann nun das eigene Praxiskonzept entwickelt werden (Abb. 3). Dieses eigene Konzept kann u.a. detailliertere Auskunft geben über Fragen wie:

Was will ich wie planen?
Zu jedem Konzept passt nur eine ganz bestimmte Art zu planen; ich kann beispielsweise Projektunterricht in der Schule nicht in *splendid isolation* und stringent wie einen Lehrgang planen, da Projektunterricht per Definition von der aktiven und mitverantwortlichen Beteiligung aller lebt. Es ist also nicht möglich, operationalisierte Ziele und eine exakte Abfolge von Lehr-/Lernschritten im Vorhinein festzulegen. Dagegen können Lehrgänge im Voraus recht genau (auch in der zeitlichen Abfolge) geplant und vorbereitet werden, und zwar von den jeweiligen Lehrgangsleitern ohne Beteiligung anderer.

Das heißt also, dass festzulegen ist, welche Elemente der pädagogischen Praxis im Voraus geplant werden sollen, welche im Verlauf der Praxis ausgedacht werden und welche vielleicht überhaupt nicht geplant werden können, sondern dem Geschehen überlassen bleiben müssen. Und außerdem ist darzustellen, in welcher Weise die Planung erfolgen soll, also zu welchen Zeitpunkten mit Hilfe welcher Methoden und von welchen Personen.

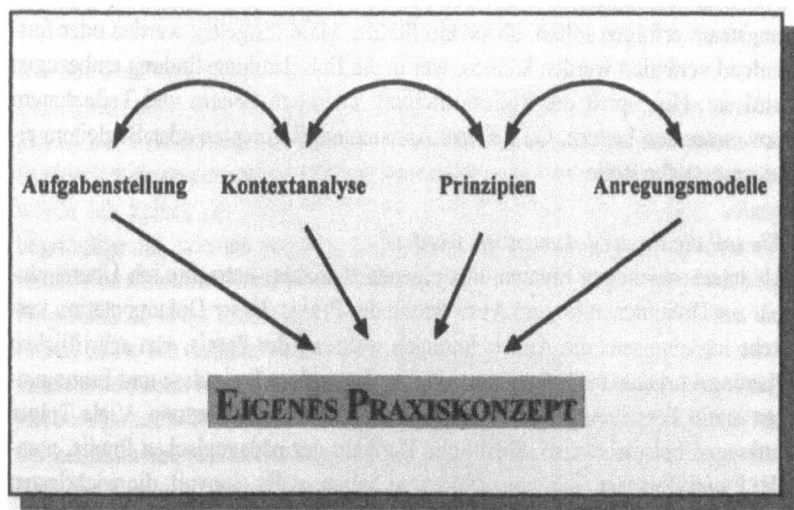

Abb. 3: Entwicklung des eigenen Konzepts für die Praxis

Welche Zielsetzungen, Themen, Vorgehensweisen, Methoden (oder welche Planungskategorien auch immer gewählt werden) sollen eingesetzt werden? Unter dieser Perspektive geht es darum, das zuvor dargestellte Planungsmodell konkret zu füllen. Unterschiedliche pädagogisch-didaktische Konzepte verwenden unterschiedliche Planungskategorien. Deshalb ist es beispielsweise nicht möglich, in jedem Fall Ziele (Lehrziele, Lernziele in operationalisierter Form) anzugeben, da die Ziel-Kategorie nur für ganz bestimmte, eben zielorientierte, behavioristisch-lerntheoretisch begründete Konzepte Sinn macht. In anderen Fällen werden Intentionen oder offene Zielvorstellungen und Aufgaben zu formulieren sein. Es ist auch denkbar, dass man ganz auf Angaben zur klaren Gerichtetheit des Lernprozesses verzichten will, da andere Kategorien viel wichtiger sind.[19]

Welches Leitermodell soll zum Zuge kommen?
Auch hier gilt wieder: Jedes pädagogische Praxiskonzept bedarf eines speziellen Leitermodells oder spezieller Leitermodelle.[20] Das hängt davon ab, ob es sich um einzelne Leiter oder ein Leitungsteam handelt, ob die Leitung immer in einer Hand bleiben oder un-

---

[19] Natürlich kann man argumentieren, dass es keine pädagogische Praxis ohne ein Ziel gibt. Aber erstens wird dann der Zielbegriff sehr verwässert, und zweitens gibt es ja durchaus pädagogische Ansätze, die anderen Kategorien wie etwa der Prozessgestaltung eindeutig Vorrang geben, so dass die Zielkategorie vernachlässigt werden kann. Wir haben uns im Allgemeinen jedoch so an das im Behaviorismus verankerte Modell der Zielorientierung gewöhnt, dass es uns schwer fällt, uns andere pädagogische Praktiken vorzustellen, selbst in den Bereichen, in denen diese Zielorientierung nicht viel Sinn macht. Aber vielleicht wären das gerade die Praktiken, die die gähnende Langeweile in der Überzahl pädagogischer Veranstaltungen etwas vertreiben könnten ... Ich räume allerdings ein, dass hier Kompromisse notwendig sind, da fast alle Träger von pädagogischer Praxis (wie Schule, Volkshochschule, Universität, betriebliche Weiterbildung) Zielangaben von Gruppen- oder Projektleitern verlangen. Da Papier geduldig ist, dürfte es dann nicht schwer fallen, für jedes Projekt ein paar sinnvolle Ziele zu formulieren.

[20] Die Vorstellung, es gäbe die Möglichkeit in pädagogischen Praxen um die Leiterfrage herumzukommen, weil keine Leitung für notwendig erachtet wird, halte ich für eine gefährliche Illusion. Schlimmstenfalls setzt sich subversiv der Stärkere durch, ohne dass es die anderen merken dürfen, oder es tritt Lähmung in der Lerngruppe auf, weil keiner die Leitung übernehmen darf, ohne dass er dafür bestraft wird.

ter den Beteiligten rotieren soll. Wenn dies entschieden ist, geht es darum, wie sich die Leitung versteht, ob sie eher direktiv oder nondirektiv vorgehen will, ob sie sich als (An-)Leiter von Lernprozessen oder eher als Moderator verstehen oder/und zeitweise in den Hintergrund treten will. Und schließlich ist zu klären, wie die Entscheidungen ggf. in einem Leitungsteam erfolgen sollen, ob sie ein für alle Male festgelegt werden oder fortlaufend verändert werden können, wer in die Entscheidungsfindung einbezogen wird etc. Hier spielt die Rollenaufteilung zwischen Leitern und Teilnehmern bzw. unter den Leitern, Co-Leitern, Assistenten, Referenten oder Begleitern eine wesentliche Rolle.

Wie soll die Praxis dokumentiert werden?
Als letztes wichtiges Element des eigenen Konzepts betrachte ich Überlegungen zur Dokumentation und Auswertung der Praxis. Unter Dokumentation verstehe ich einerseits die Aufzeichnungen während der Praxis, von schriftlichen Planungsvorlagen bis hin zu Notizen über besondere Ereignisse und Eintragungen in ein Forschertagebuch[21], andererseits die Berichterstattung. Viele Träger verlangen beispielsweise schriftliche Berichte der pädagogischen Praxis, manche Projektforscher (ich eingeschlossen) halten es für sinnvoll, die wichtigsten Ergebnisse von pädagogischen Veranstaltungen zusammenfassend schriftlich niederzulegen.

Die Dokumentation kann ihrerseits wieder wesentliche Auswirkungen auf die Praxis selbst haben. Ein Erwachsenenbildungsseminar, nach dessen Abschluss ein Bericht vorzulegen und ein standardisierter Auswertungsbogen von allen Teilnehmern auszufüllen ist, wird anders zu gestalten sein und verläuft anders, als wenn ich eine Gruppe in Eigenregie führe und niemandem Rechenschaft schuldig bin außer den Teilnehmern und mir selbst (und im Fall eines Projekts zur Praxisentwicklungsforschung natürlich den Betreuern/ Mentoren).

---

[21] Dieses Forschertagebuch, eine alte Tradition der Anthropologen und Handlungsforscher, halte ich ohnehin für außerordentlich nützlich, und es sollte während des Gesamtprojektes, nicht nur während der Durchführung der pädagogischen Praxis, geführt werden.

Wie soll die Praxis evaluiert werden?
Schließlich muss man sich auch hier wieder Gedanken über *angemessene Verfahren der Praxisevaluation* machen. Welche Verfahren und Instrumente zur Evaluation eingesetzt werden, hängt wiederum vom Konzept ab. Grundsätzlich würde ich keines der möglichen Evaluationsverfahren ausschließen, solange begründbar ist, wie sie zu dem Gesamtkonzept passen. Einige seltener verwandte Evaluationsverfahren bieten sich insofern an, als der Praxisentwicklungsforscher selbst immer auch Gegenstand der Evaluation ist. Zu diesen Verfahren zähle ich beispielsweise die teilnehmende Beobachtung[22], die *critical incident*-Methode bzw. das *specimen protocol*, bei der bemerkenswerte Ereignisse aufgezeichnet werden, um gemeinsame Muster herauszufinden, oder/und die kommunikative Validierung, bei der mehrere Beobachter versuchen, einen Konsens über die Beobachtungen und ihre Interpretation zu erreichen.[23] Aber auch alle anderen Verfahren einschließlich quantitativer Methoden können in einem solchen Evaluationskonzept eine Rolle spielen. Wichtig ist – um es noch einmal zu unterstreichen –, dass diese Verfahren, Methoden und Instrumente der Evaluation zum Gesamtkonzept passen und nicht im Widerspruch etwa mit gewählten Prinzipien geraten.

Planung, Durchführung und Auswertung der Praxis

Damit sind wir bei der Praxis selbst angelangt. Hier geht es darum, Planungsunterlagen zu erstellen, Materialien auszuwählen oder zu entwerfen, Übungen zu konzipieren, besondere Maßnahmen auszuformulieren und schließlich durchzuführen, Absprachen über Leitungsfunktionen und Arbeitsteilung zu treffen usw.

Auch die Maßnahmen zur Evaluation der Praxis müssen vorbereitet, Evaluationsinstrumente ausgewählt oder entworfen werden, und – wenn die Evaluation schließlich durchgeführt wurde

---

[22] Peter GSTETTNER, Handlungsforschung, in: Uwe FLICK u.a. (Hrsg.), Handbuch Qualitative Sozialforschung, München (Psychologie Verlags Union), 1991, S. 266-268

[23] Brigitte SCHEELE, Dialogische Hermeneutik, in: Uwe FLICK u. a. (Hrsg.), a.a.O., S. 274-278

müssen die Ergebnisse zusammengestellt und interpretiert werden.

Fazit und Perspektiven

Der Praxisentwicklungsforscher legt sich in dieser Phase des Projekts Rechenschaft ab über die gewonnenen Ergebnisse und Erkenntnisse des gesamten Projekts pädagogischer Praxisentwicklung – also nicht nur der Praxis selbst. Diese Ergebnisse werden in Beziehung gesetzt zur Aufgabenstellung des Projekts (siehe das erste Element Tab. 1): Inwieweit konnte die Aufgabe erfüllt werden und mit welchen Abweichungen, Einschränkungen oder Erweiterungen. Schlussfolgerungen für eine mögliche Weiterführung des Projekts sollten gezogen werden im Hinblick auf eine Weiterentwicklung der Praxis, des Praxisentwicklungsprojekts und auf weiterführende Erkenntnisse und Forschungsdesiderate.

Auch eine persönliche *Prozessreflexion* ist vorzunehmen im Hinblick auf die persönlichen und professionellen Erfahrungen, Schwierigkeiten und Erkenntnisse während des Praxisentwicklungsprojekts. Die professionellen Stärken und Kompetenzen des Praxisentwicklungsforschers können dabei ebenso bewusst werden wie aufgetretene Defizite im professionellen, persönlichen und konzeptionellen Bereich (und verständlicher Weise selektiv veröffentlicht werden). Dabei werden die persönliche und professionelle Entwicklung des Praxisforschers einerseits und die Entwicklung der Praxis andererseits am Schluss noch einmal zusammengeführt und ermöglichen vielleicht die in der Pädagogik so seltene *Integration von Theorie und Praxis, von Forschen und Lernen, von wissenschaftlicher und persönlicher Weiterentwicklung*. Einige Anregungen zu dieser Prozessreflexion wurden in Tabelle 4 zusammengestellt.[24]

---

[24] Auf Anregung und in Zusammenarbeit mit Heinrich DAUBER.

Funktion und Bedeutung der Praxisentwicklungsforschung

Ich hatte schon zuvor darauf hingewiesen, dass es sich bei dem Orientierungsmodell für Praxisentwicklungsforschung (Tab. 1) nicht um einen Leitfaden im üblichen Sinn handeln kann, der wie eine Checkliste abgearbeitet wird. Das Modell, das ich in seinen einzelnen Schritten ausgeführt habe, dient zur Orientierung und muss auf jedes einzelne Projekt abgestimmt werden. Das Modell der Praxisentwicklungsforschung gibt also einen Rahmen vor, innerhalb dessen es erhebliche Freiheitsgrade gibt.

Einige unverzichtbare Momente sind jedoch zu beachten, wenn es sich wirklich um Praxisentwicklungsforschung handeln soll. Diese will ich abschließend erläutern.

Jedes Projekt zur Praxisentwicklungsforschung entfaltet seine eigene Dynamik und verläuft in vielen Schleifen – also keineswegs so linear, wie das Modell vielleicht auf den ersten Blick glauben lassen könnte. Aber irgendwann muss dieser Entwicklungsprozess ja dokumentiert werden und dies in einer für die Leser nachvollziehbaren Reihenfolge.

Der tatsächliche Prozess pädagogischer Praxisentwicklungsforschung kann also nicht völlig willkürlich und chaotisch erfolgen, auch wenn es sicherlich in jedem Projekt einmal turbulente und unübersichtliche Phasen geben wird. Ich betrachte das Orientierungsmodell (Tabelle 1) also insofern für verbindlich, als ich davon ausgehe, dass jede Praxisentwicklungsforschung die acht Elemente irgendwann und in irgendeiner Weise berücksichtigen muss, auch wenn die Gewichtung und der Differenzierungsgrad der Elemente ebenso variieren dürfte wie die Reihenfolge der Berücksichtigung.

Eine zweite Bedingung ist, dass jedes Element mit jedem anderen Element zusammenhängt und verflochten ist. Das heißt, dass die einzelnen Elemente aufeinander bezogen werden müssen und dies in einer für Außenstehende nachvollziehbaren Weise: Die Prinzipien hängen mit dem Kontext und der Aufgabe zusammen, die Methoden wiederum sind auf die Prinzipien bezogen und sollten mit diesen nicht in Widerspruch stehen; die Evaluationsmethoden hängen vom eigenen Konzept ab und müssen dazu passen und

Anregungen zur Prozessreflexion

- Wie und wo bin ich in den Fluss der Erfahrung eingestiegen, wo und wann wieder ausgestiegen?
- Wo war Theorie hilfreich, wo hinderlich?
- An welchen Stellen/Phasen des Entwicklungsprozesses lief die Arbeit (einzeln, im Team, mit den Teilnehmerinnen etc.) leicht, reibungslos, beschleunigte sich, an welchen stockte sie oder blieb stecken?
- Wann traten im Verlauf des Entwicklungsprozesses (vielleicht auch des Dokumentationsprozesses bzw. beim Schreiben des Forschungsberichts) Faszination, Irritation, Konsolidierung, Blockierungen, Resignation etc. auf?
- Welche Visionen, Überzeugungen, Absichten, Ziele etc. konnte/musste ich an welchen Orten aufgeben oder revidieren? Welche wurden bestätigt?
- In welcher Phase war welche Figur des Entwicklungsgeschehens im Vordergrund, was blieb im Hintergrund? Welcher Pol trat in Erscheinung, welcher Gegenpol dazu blieb verborgen („auf der Rückseite des Mondes")?
- Was beeinflusste den Erfolg/Misserfolg des Projekts in den einzelnen Phasen oder im Hinblick auf bestimmte Aspekte nach meiner Einschätzung/nach Einschätzung der Beteiligten/Betroffenen?
- Wie bin ich mit den Rückmeldungen aus dem Feld umgegangen?
- Welche Entscheidungen fielen eher rational, welche eher intuitiv, welche aufgrund von Einschätzungen, welche aufgrund von Fakten? In welchen Phasen habe ich am meisten, in welchen am wenigsten gelernt?
- Welche Stufen des Projekts (im Hinblick auf das Orientmodell „Pädagogische Praxisentwicklung") waren am schwierigsten, welche am leichtesten zu klären?
- Wohin gehen meine Interessen nach (vorläufigem) Abschluss des Projekts?

Anmerkung: Die Fragen beziehen sich jeweils auf den gesamten Projektverlauf, also nicht nur auf die Praxisdurchführung, sondern auch auf die Vorüberlegungen, Vorbereitungen, Planungen, Reflexionsstufen, Auswertungen etc.

dürfen wiederum nicht in Widerspruch zu den Prinzipien stehen. Die Anregungsmodelle hängen mit der Aufgabenstellung und dem Kontext zusammen und auch mit den methodischen Kompetenzen des Praxisentwicklungsforschers und seiner Planung.

Daraus geht hervor, dass die wissenschaftliche Evaluation der Praxisentwicklung *auf allen Stufen dieser Praxisentwicklung* stattfindet und hohe Anforderungen an den Praxisentwicklungsforscher stellt. Die Annahme, erst mit der Verwendung von – sagen wir – Fragebogen oder Interviews zur Wirksamkeit der durchgeführten Praxis würde diese Praxisentwicklungsforschung „wissenschaftlich", ist also völlig verfehlt. Der gesamte Prozess der Praxisentwicklung wird fortlaufend evaluiert und in ständigen Rückkoppelungsschleifen wechselseitig überprüft.

Aber nicht nur der Prozess der Praxisentwicklung selbst wird fortlaufend reflektiert und überprüft, sondern der Praxisentwicklungsforscher selbst reflektiert immer wieder seine Optionen und Handlungsweisen. *Forschung und Selbsterforschung sind in diesem Konzept nicht getrennt.* Damit wird der Versuch unternommen, dem generellen Trend zur Abspaltung akademischen Wissens von der eigenen Person und der Abspaltung von Denkvorgängen und professionellen Handlungsweisen von persönlichen Eigenarten, Vorurteilen, Einstellungen und Emotionen ein wenig entgegenzuwirken. Die Wahl der Prinzipien etwa sollte theoretisch begründet werden; gleichzeitig hängt diese Wahl aber natürlich auch von persönlich motivierten Intentionen, Lebenserfahrungen. Werten und Weltbildern ab. Die Wahl der Methoden, die in der Praxis eingesetzt werden, ist einerseits sachlich und fachlich zu begründen, aber sie ist auch abhängig davon, mit welchen Methoden der Praxisentwicklungsforscher vertraut ist, welche ihm liegen und zu seinem Stil passen und mit welchen er Schwierigkeiten hätte. Deshalb ist die Reflexion der eigenen Voraussetzungen und Vorerfahrungen in der Kontextanalyse und während des gesamten Projekts ein wesentlicher Bestandteil forschender Praxisentwicklung. *Die Herausforderung, die darin liegt, ist nicht hoch genug anzusetzen und bedarf der ständigen Begleitung und Supervision durch einen Mentor, professionellen Berater oder Projektleiter (falls es sich um ein größeres Projekt handelt, innerhalb dessen Teilprojekte realisiert werden).*

Erträge der Praxisentwicklungsforschung

Praxisentwicklungsforschung liefert keine generalisierbaren Ergebnisse in dem Sinn, dass etwa Prototypen für eine pädagogische Praxis entwickelt werden, die dann „in Serie" gehen könnten. Die Bedeutung der Projektarbeit geht dennoch über den singulären Fall hinaus, der da entwickelt und evaluiert wird.

Erst einmal kann jede nach diesem Konzept entwickelte Praxis als *Anregungsmodell* für neue Praxisentwicklungen dienen. Es handelt sich bei dem Ergebnis schließlich um ein theoretisch und empirisch begründetes sowie fortlaufend reflektiertes und evaluiertes Konzept, das anderen Pädagogen Anregung und Orientierung geben kann für ihre eigenen Praxisentwicklungen für vergleichbare Aufgaben.

Ein zweiter Ertrag besteht darin, dass im Verlauf oder im Anschluss an solch eine Praxisentwicklung *Erkenntnisse* gewonnen werden, die generalisierbar sind. Damit meine ich, dass die entwickelte Praxis theoretische Vorannahmen überprüft und sich ihre Brauchbarkeit damit (mehr oder weniger gut) erweist. Theorien sind ja nicht wahr oder falsch, sondern mehr oder weniger erklärungskräftig. Insofern wird die Erklärungskraft theoretischer Annahmen durch die Praxisentwicklung überprüft.

Darüber hinaus können sich bei diesem Prozess neue Fragen ergeben, die zu erforschen sind. Praxisentwicklungsforschung kann also immer auch einen Ansatz für neue *Theorieentwicklung* sein: Durch die Praxisentwicklung werden theoretische Annahmen überprüft und die Praxisentwicklung ihrerseits kann wieder Ausgangspunkt für Theorieentwicklung sein. Theorie und Praxis können sich auf diese Weise gegenseitig befruchten.[25]

Ein dritter Ertrag besteht schließlich im *Lernprozess für den Praxisentwicklungsforscher*. Da er selbst mit in den Prozess der Praxisentwicklung verwickelt ist und die Schwierigkeiten und Erfolge

---

[25] Dies ist analog zu der Verschränkung von Empirie (im herkömmlichen Sinn) und Theorie in der „Grounded Theory" (STRAUSS/CORBIN, a.a.O.) zu verstehen, wobei die Praxisentwicklungsforschung natürlich die Praxis – nicht die empirisch gewonnenen Ergebnisse einer Untersuchung – der Gegenpol zur Theorie sind.

der Praxisarbeit am eigene Leib erlebt und zu reflektieren angehalten ist, kann er zu neuen Einsichten über sich selbst, seine Kompetenzen, Vorurteile und Einstellungen sowie seine Begrenzungen gelangen. Das setzt allerdings voraus, dass sich der Praxisentwickler als ganze Person auf den Prozess einlässt.

Diese Arbeit kann sich vielleicht bei sehr geübten und erfahrenen Praxisentwicklungsforschern ohne professionelle Hilfe vollziehen. Im Normalfall bedarf sie – um dies noch einmal hervorzuheben – der intensiven Betreuung und Begleitung durch Moderatoren und Berater oder kompetente Kollegen und Kolleginnen. Der Praxisentwicklungsforscher ist häufig gegenüber seinen eigenen Fähigkeiten und Vorurteilen mehr oder weniger blind und bedarf daher der unterstützenden Begleitung, die über eine sachbezogene Betreuung hinausgeht. Der Erfolg eines solchen Projekts dürfte also sehr wesentlich davon abhängen, ob der Praxisentwicklungsforscher auf professionelle Hilfe, der er vertraut, zurückgreifen kann, und ob er sich auf den Betreuungsprozess – der ihn auch mit persönlichen Schwierigkeiten konfrontieren kann – einzulassen in der Lage ist.

Wissenschaftskriterien für Praxisentwicklungsforschung

Die Kriterien dafür, dass diese Art der Praxisentwicklung als Forschung gelten kann, sind also vielschichtig und vielfältig. Sie sollen zum Abschluss noch einmal zusammenfassend aufgeführt werden:

- Praxisentwicklungsforschung vollzieht sich in einer Weise, die für außenstehende Professionelle *nachvollziehbar* sein muss. Dieser Nachweis wird durch schlüssige und plausible Argumentationen zu den wechselseitigen Zusammenhängen der einzelnen Schritte und Abstraktionsebenen der Praxisentwicklung und durch den Rückgriff auf bewährte und teilweise empirisch abgesicherte Theorien oder Theorieelemente erbracht.
- Selbstreflexion des Praxisentwicklers mit professioneller Unterstützung (durch Mentoren, Berater, Supervisoren

und Kollegen) kann ein relativ hohes Maß an Bewusstheit bei den Entscheidungen während der Praxisentwicklung und bei den Handlungsweisen in der Praxis hervorbringen.
- Für die Praxisdurchführung selbst können vielfältige Methoden der Evaluation – qualitative und quantitative, punktuelle und prozesshafte – eingesetzt werden.
- Sofern es sich nicht um einen einzelnen Praxisentwicklungsforscher handelt, sondern um ein Team von mindestens zwei Personen, können Formen der kommunikativen Validierung oder des „reflektierenden Teams" eingesetzt werden.

Praxisentwicklungsforschung soll aber seinem eigenen Anspruch nach nicht nur der Wissenschaft, sondern auch der Praxis dienen. Sicher ist der Aufwand zu hoch, als dass das hier vorgetragene Konzept pädagogischer Praxisentwicklungsforschung in der Alltagspraxis im Einzelnen abgearbeitet werden kann. Trotzdem stellen dieses Modell sowie die zuvor beschriebenen Vorgehensweisen eine Möglichkeit dar, Praxis auch im professionellen Alltag immer wieder neu zu entwickeln und zu verändern. Ich habe dieses Konzept selbst in langjähriger Praxiserfahrung mit anderen zusammen entwickelt – auch wenn die einzelnen Schritte nicht immer explizit nachvollzogen und dokumentiert wurden. Dabei habe ich immer wieder die Erfahrung gemacht, dass so betriebene Praxis – neben allen Rückschlägen und Misserfolgen, die es immer wieder gibt – außerordentlich anregend und erkenntnisreich sein und den persönlichen Entwicklungsprozess immer wieder anregen und unterstützen kann. Dass mir dies selbst auch nach mehr als dreißig Jahren Praxis und Forschung immer noch viele Anregungen und viel Freude bereitet, ist vielleicht nicht nur Zufall oder eine persönliche Vorliebe.

(Grenz-)Übergänge. © 2021 by Ines Wagner.

Was bleibt vom Dialog

Katharina Wilke

Herzlichen Dank an Frau Muth für die Einladung, dieses Buch mit diesem Artikel ergänzen zu dürfen. Im Rahmen meines Masterstudienganges der Angewandten Sozialwissenschaften an der FH Bielefeld nahm ich an mehreren Seminaren teil, die durch Frau Muth dialogisch geleitet wurden. Als damalige Studentin begegnete ich in jenen Seminaren nicht nur der Dialogphilosophie im Sinne des Religionsphilosophen Martin Bubers oder des Quantenphysikers David Bohm, sondern auch der von Cornelia Muth. Studierende und Frau Muth als Lehrende begegneten sich wertschätzend, voller Respekt und auf Augenhöhe. Partizipation durch gegenseitiges Vertrauen und aufrichtiges Interesse am Gegenüber gehörten zu den basisbildenden Elementen der Seminare. Der Dialog mit all seinen Facetten und Bewusstwerdungsprozessen bildete im weiteren Verlauf meines Studiums die Grundlage meiner Masterarbeit. In einer von Frau Muth betreuten Praxisentwicklungsforschung „Der Dialog als Methode zur Stärkung der Teamresilienz" integrierte ich den Dialog in Dienstbesprechungen, um das individuelle Stressempfinden der Teammitglieder möglichst zu minimieren. Selbstreflexive Prozesse dieser Praxisforschung bilden die Grundlage dieses Artikels und werden durch Zitate aus meinem Forschungstagebuch ergänzt. Denke ich heute bewusst an den Dialog, bin ich in der reflexiven Begegnung mit mir selbst und stelle mir die Frage, ob ich dialogisch (gewesen) bin. Etwa ein Jahr nach meinem Abschluss befinde ich mich in der stetigen Weiterentwicklung meiner dialogischen Haltung. Dazu zählt das prozesshafte Lernen, die fortdauernd Selbstreflexion und auch das Aushalten von Rückschlägen und die Akzeptanz, dass Veränderung Zeit braucht. Meine dialogische Haltung im beruflichen als auch im privaten Kontext bedeutet für mich, dass ich mich in Bewusstwerdungsprozessen bewege und mein Handeln und Denken kritisch hinterfrage. Ich ergründe meine Denkprozesse[1] und übe, den Menschen vorurteilsfrei zu begegnen, um u.a. auch die Anderheit meines Gegenübers aushalten zu können. Beides gehört für mich persönlich zu den größeren Hürden (m)einer dialogischen Haltung. Sowohl das bewusste Denken der Denkprozesse in Verbindung mit dem Bewusstmachen „alter" Denkstrukturen, um diese möglichst durchbrechen zu können, als auch die Akzeptanz und das Aushalten der Anderheit. Beide Prozesse sind mit unterschiedlichen Anstrengungen verbunden.

Danah Zohar erklärt, dass Änderungsprozesse im Denken mit konkreten Veränderungen im Gehirn einhergehen. Obwohl diese Prozesse sehr langsam vonstattengehen, kommt es zu physischen Veränderungen in uns selbst, die von Schmerzen begleitet werden können (vgl. Hartkemeyer /Hartkemeyer/Dhority, 2010, S. 77). Diesen Prozess habe ich folgendermaßen erlebt:

> „Er [der Dialog] beschränkt sich bei weitem nicht mehr nur auf die Dienstbesprechungen. Ich nehme mich selber in unterschiedlichen Situationen, im Arbeits- vor allem auch im Privatleben anders und bewusster wahr. Ich habe mich bewusst hinterfragt, um zu erkennen, woher mein Denken und auch mein Handeln kommt und woher meine Ansichten kommen. Gerade im Umgang mit Kolleg*innen, den Kindern und deren Eltern habe ich versucht, meinen Gedanken auf den Grund zu gehen. In manchen Situationen erkenne ich, dass meine Handlungen und Einschätzungen aus Verallgemeinerungen entstanden sind. Gerade deswegen habe ich mich bemüht, meinen Denkprozess und daraus entstandene Handlungen zu hinterfragen, um sie zu ergründen, wohl aber in dem Wissen, dass es mit Anstrengungen verbunden sein wird, die Bewertungsabläufe bewusst zu verändern" (Forschungstagebuch Wilke, 2019, S. 47).

In diesem Veränderungsprozess meiner Bewertungs- und Denkprozesse befinde ich mich weiterhin. Ich beruhige mich oftmals mit der Einschätzung Bohms[2] (2008), in der er beschreibt, dass es meh-

---

1 Es liegt nach Bohm (2008) und Hartkemeyer, Hartkemeyer, Dhority (2010) der Fokus auf der Prozesshaftigkeit des Denkens. Nicht das fertige Denkprodukt steht im Mittelpunkt, sondern Prozesse, aus denen Meinungen und Annahmen entstehen (vgl. Bohm S. 8, 36, Hartkemeyer/Hartkemeyer/Dhority, 2010, S. 91f).

2 Bohms Dialogverständnisses besteht darin, die Art und Weise des Denkens zu ergründen. Grob dargestellt geht es ihm um Ansichten bzw. um Prozesse, wie Menschen zu Ansichten und Meinungen gelangen und warum diese oftmals

rere Jahre benötigt, um in einen echten Dialog zu finden, in welchem die Denkprozesse offen und vorurteilsfrei gestaltet sind (vgl. S. 46). Neben den Veränderungen im Denken versuche ich mich im Aushalten der Anderheit meines Gegenübers. Buber[3] beschreibt „die Akzeptanz der Anderheit" (1996, S. 69) als eine Qualität des Dialogs. Indem ich meinem Gegenüber, dem DU nach Buber, mit Ehrlichkeit und Respekt begegne, wird das DU vorbehaltlos und in seiner „Anderheit" angenommen. Dazu ein Zitat aus meinem Forschungstagebuch:

> „Ich kann die Anstrengung (..) so gut nachvollziehen, wenn [gesagt wird], der Dialog ist anstrengend. JA, das ist er. Aber er ist auch so viel mehr. Es fühlt sich gut an, bedachter und bewusster zu sein. Dennoch höre ich oft den Satz meiner Professorin Frau Muth nachklingen: ‚Und das ist der Schmerz. Der Schmerz, die Anderheit auszuhalten.' (..) Die Anderheit bewusst zu denken (…), das ist mit Anstrengung verbunden" (Forschungstagebuch Wilke, 2019, S. 64).

Diese anspruchsvollen Fähigkeiten des Dialogs, welche ein hohes Maß an Disziplin und Selbstreflexivität erfordern, gehen mit einer großen Bereicherung einher, denn obwohl ich mich weiterhin im Lernprozess verorte, spüre ich in privaten und auch beruflichen Si-

---

zwanghaft aufrechterhalten werden (vgl. Bohm, 2008, S. 8, 36). Die Entstehung von Ansichten, Annahmen und Meinungen beruht seines Erachtens nicht nur auf eigenen Erfahrungen, sondern sind durch kulturelle Hintergründe und Individualität geprägt und beeinflussen unser Denken. Bohms Ansicht nach, werden Meinungen oftmals als Wahrheiten dargestellt, obwohl sie nur aus Annahmen entstanden sind. Diese werden vehement verteidigt, da wir uns mit ihnen identifizieren (vgl. Bohm, 2008, S. 37)

[3] In Bubers Dialogverständnis geht es hauptsächlich um die Art und Weise, wie wir mit unserem Gegenüber in Kontakt treten. Buber differenziert die Möglichkeiten, in denen der Mensch in Beziehungen tritt, und unterteilt diese in ein Zusammenleben mit der Natur, mit anderen Menschen und mit geistigen Weisheiten (vgl. Buber, 2006, S. 12). Buber benennt zwei Modelle, zwei Grundworte, zwei Wortpaare und beschreibt die Arten von Begegnungen, die der Mensch bewusst eingehen kann, als eine ICH-DU-Beziehung und eine ICH-ES-Beziehung. Eine ICH-DU-Begegnung findet statt, wenn sich der Mensch, also das ICH, sich seinem Gegenüber ganz öffnet und aufrichtig begegnet (vgl. ebd., S. 9). Die vorurteilsfreie und echte Hinwendung im ICH-DU-Erleben beschreibt Buber wie folgt: „Zwischen Ich und Du steht keine Begrifflichkeit, kein Vorwissen und keine Phantasie; (…) Zwischen Ich und Du steht kein Zweck, keine Gier und keine Vorwegnahme; und die Sehnsucht selber verwandelt sich, da sie aus dem Traum in die Erscheinung stürzt. Alles Mittel ist Hindernis. Nur wo alles Mittel zerfallen ist, geschieht Begegnung" (Buber, 2006, S. 17f).

tuationen den Mehrwert einer dialogischen Haltung. Gerade wenn ich Kernfähigkeiten, wie z.B. das aktive, vorbehaltlose, aufrichtige und emphatisches Zuhören, bewusst anwende, nehme ich meine Umwelt um einiges intensiver und umfassender wahr.

Versuche ich die Welt aus der Perspektive meines Gegenübers zu betrachten und öffne ich mich für andere Ansichten und Annahmen, ist dies, betrachtet aus den unterschiedlichsten Perspektiven, eine Bereicherung. Im Rahmen meiner Forschung beschrieb eine Kollegin ihren persönlichen dialogischen Mehrwert folgendermaßen:

> „Das mit dem bewusst Zuhören, also das Zuhören genießen, das nehme ich überall mit hin. Mich entspannt das total und ich bin mehr bei den wichtigen Dingen, das beruhigt mich. Ich muss nicht immer was sagen. Ich genieße einfach das Zuhören." (Forschungstagebuch Wilke, 2019, S. 47)

Neben den zuvor dargestellten Kompetenzen ist ein Dialog in Bubers Sinn gestaltet durch gegenseitigen Respekt, Aufrichtigkeit, Wahrheit, Vorurteilsfreiheit, Offenheit, Wahrhaftigkeit und Uneigennützigkeit und ebenso durch absolute Ehrlichkeit und die unbedingte Akzeptanz des Gegenübers (vgl. Buber, 2006, 9ff, S. 15, 17f) . Diese Attribute zeigen, dass der Dialog nicht einfach nur eine Gesprächsform ist, sondern von besonderen Kommunikationsqualitäten, inneren Haltungen, einem wertschätzenden Einlassen auf das jeweilige Gegenüber und durch weitere komplexe Lernfelder geprägt ist (vgl. Muth, 2013, S. 56f, Hartkemeyer/Hartkemeyer, 2005, S. 38). Bei weitem beherrsche ich nicht alle Lernfelder. Ein ums andere Mal kommen die von Hartkemeyer und Hartkemeyer (2005) formulierten Eigenschaften in mir zu Tage, die dem Dialog entgegenwirken oder ihn verhindern (vg. S. 51, 53). Dazu gehört z.B., dass ich mich dabei ertappe, schnell sein zu wollen, oder zeitweise den Wunsch verspüre, andere Menschen in ihrem Redefluss unterbrechen zu wollen. Es bleibt nicht immer nur bei dem Wunsch. In manchen Situationen fällt es mir unendlich schwer andere Ansichten auszuhalten oder mich anderen Auffassungen gegenüber zu öffnen.

Es gab und es gibt oft Momente, da möchte ich mich vor dem Dialog verstecken, weil ich mich in Situationen wahrgenommen habe, in denen ich so überhaupt nicht dialogisch bin. Aber auch das gehört für mich zum Entwicklungsprozess. Ich reflektiere mich und halte die unterschiedlichen Phasen aus und begegne ihnen und mir selbst. Ich betrachte mich weiterhin als nicht allwissend, bleibe als lernender und offener Mensch in Begegnungen, denn

„Alles wirkliche Leben ist Begegnung" (Buber, 2006, S. 17).

Meine dialogische Haltung ist weiterhin ein Lernfeld für mich, das ich beschreite, in dem ich mich bewege und daran wachse, und obwohl ich oft ins Straucheln gerate, weiß ich, warum ich mich in dem Feld bewege. Ich nehme den Dialog als Bereicherung wahr und bedanke mich noch einmal herzlich bei Frau Muth für ihr Engagement und ihre leidenschaftlich Lehre als Professorin, ohne die ich den Weg zum Dialog nicht gefunden hätte.

Literaturverzeichnis

Bohm, D. (2008), Der Dialog. Das offene Gespräch am Ende der Diskussionen, 5. Auflage. Hrsg. Lee Nichol, Klett-Cotta Verlag. Stuttgart.

Buber, M. (1996), Buber für Atheisten. In: Reichert, T. (Hrsg.), Lambert Schneider Verlag, Heidelberg.

Buber, M. (2006), Das Dialogische Prinzip. 10. Auflage, Gütersloher Verlagshaus.

Hartkemeyer, J.F., Hartkemeyer, M., Dhority, L.F. (2010), Miteinander Denken. Das Geheimnis des Dialogs. 5. Auflage, Klett-Cotta Verlag. Stuttgart.

Hartkemeyer, J. F., Hartkemeyer, M. (2005), Die Kunst des Dialogs. Kreative Kommunikation entdecken. Erfahrungen, Anregungen, Übungen. Klett-Cotta Verlag. Stuttgart

Muth, C. (2013), Interkulturelles Lernen und Forschen in transkulturellen Dialoggruppen. In: Spetsmann-Kunkel, M., Frieters-Reermann, N. (Hrsg.): Soziale Arbeit in der Migrationsgesellschaft, Barbara Budrich Verlag. Leverkusen.

Dialogische Forschung,
ein Blick zurück nach vorne

Cornelia Muth

Seit mehr als einer Dekade wende ich das dialogische Prinzip Martin Bubers in meiner wissenschaftlichen Forschung an der Fachhochschule Bielefeld an. Bislang habe ich mit Kolleginnen und Studierenden drei Forschungsprojekte in Hinblick auf dialogische Praxisentwicklungsforschung, deren Bedeutung darin liegt, Praxis innovativ durch Forschung zu entwickeln, durchgeführt. Wenn ich jetzt darauf zurückschaue, dann mit der Absicht, das dialogische Forschungskonzept und dessen Entwicklungsprozess für zukünftige Anwendungen aufzuzeigen.

Doch noch bevor ich das Verfahren der Praxisentwicklungsforschung das erste Mal umsetzte – und das wird mir gerade beim Schreiben gewahr – hatte ich als Bildungsreferentin der Sportjugend Berlin Ende der Achtziger Jahre des letzten Jahrhunderts eine phänomenologische Studie zu Körperkonzepten von Mädchen und jungen Frauen im Sport im genannten Sinn von Praxisforschung durchgeführt (vgl. Muth & Kühn 2012, S. 117ff.).

Phänomenologisch war unser erkundendes Experimentieren deswegen, weil meine Kollegin Barbara Kühn und ich durch unmittelbare und gegenseitige Leibwahrnehmungen mit der Zielgruppe forschten. Entlang gestaltpädagogischer Prämissen gingen wir wie bei der phänomenologischen Intuition nach Husserl davon aus, dass Problemwahrnehmung und Problemlösung kongruent sind. Mit anderen Worten: In dem Augenblick, in dem ich mich dem jeweiligen Phänomen überlasse – sei es Problemfall, Fragestellung oder ein Mensch –, verwandelt es sich, die beteiligten Menschen und mich gleichzeitig, und eine neue Situation bzw. Erkenntnis enthüllt sich. Unsere Forschungsergebnisse ordneten wir nicht den schon vorhandenen Körperkonzepten unter, sondern wir versuchten, leibhafte Vernunftprozesse transparent zu machen, indem wir die biografischen Sporterfahrungen der Mädchen und jungen

Frauen ernst nahmen und zur Sprache brachten. Insofern versuchten wir schon das, was Martin Buber mit seiner Dialogik will, auf die Grenzen sprachlicher Kategorien zur Erfassung von wirklichen Phänomen hinzuweisen und damit auf die Unterscheidung zwischen Modell/Landkarte und Wirklichkeit bzw. Theorie und Praxis. Diesbezüglich unterscheidet dialogische Forschung zwischen der subjektiven Wahrheit der persönlichen Erfahrung und der persönlichen Erfahrung der objektiven Wahrheit.

Darüber hinaus hatte ich während meiner Promotion zum dialogischen Prinzip in den neunziger Jahren einen Artikel zur dialogischen Erkenntnistheorie verfasst. Er legt den wissenschaftstheoretischen Hintergrund dialogischer Pädagogik dar. Dort finden Sie, werte Leser*innen, die im Sinne von Collingwood sogenannten Voraussetzungen dialogischen Denkens (vgl. Muth 2012, S. 41ff.). Wie in jedem wissenschaftlichen Denkkollektiv gibt es auch in der Dialogik Übereinkünfte, die ich hier kurz zusammenfasse:

1. Dialogische Forschung ist ein intersubjektives Geschehen. Im Fokus von Wissenschaftler*innen wie Praktiker*innen steht das ZWISCHEN, welches ein kommunikativer Raum zwischen zwei oder unter mehreren Menschen ist. Auf dessen Wirklichkeit will Martin Buber mit dem dialogischen Prinzip hinweisen.
2. Diese Wirklichkeit ist ein zweckfreier Raum. Wenn überhaupt dient er dem Anerkennen der Pluralität von zwischenmenschlichen Lebensformen und bestätigt jedes Individuum als einzigartige Anderheit. Das Zwischen macht somit unser Mensch-Sein sichtbar.
3. Forscher*innen wie Praktiker*innen nehmen an dieser Wirklichkeit gemeinsam teil, was dann der Fall ist, wenn Individuen in einer Subjekt-Subjekt-Beziehung, entsprechend der Dialogik, in einer Ich-Du-Haltung, d. h. auf gleicher Augenhöhe einander begegnen und sich folglich respektieren.

4. Forscher*innen und Praktiker*innen stehen dennoch auch in einer absoluten differenten Haltung einander gegenüber. Sie machen sich gegenseitig zum Objekt, wenn diese z. B. rollenspezifische Verantwortung übernehmen. Sie distanzieren sich voneinander und nehmen dabei die Ich-Es-Haltung ein.

Fasse ich in einem kurzen Rückblick auf die letzten Forschungsprojekte die wichtigsten Wegpunkte zur Entwicklung einer dialogischen Datenerhebungsanalyse zusammen, sehe ich folgende Kennzeichen für eine solche Forscher*innen-Haltung:

A) Matt-Windel (2010, S. 70) stellt im Dante-Forschungsprojekt zur Gewaltprävention heraus, dass phänomenologische Forscher*innen gerade nicht Denken und Erleben trennen dürfen, wenn sie Wirklichkeit erfassen wollen.
B) Im Forschungsprojekt zur dialogischen Kommunikation (Muth 2014) zwischen pädagogischen Mitarbeiter*innen, Eltern und anderen Bezugspersonen waren die wichtigsten Leitfragen für die Praktiker*innen wie für die Forscher*innen: Was will ich bewusst wahrnehmen, was will mir gewahr werden und was will ich wissen? (ebd. S. 38)
C) In meiner anwendungsorientierten Lehr-Evaluations-Studie (Muth 2019) erkannte ich erneut, dass Menschen grundsätzlich mehr Zeit und Muße brauchen, um entspannter ihre jeweilige Transzendentale Subjektivität zu entdecken. Dazu ist ein Setting notwendig, das einen reflexiven Ort zu Selbst- und Fremdwahrnehmungen unterstützt (ebd. S. 207). Meiner Erfahrung nach bietet die Dialoggruppe nach Bohm eine solche Möglichkeit.

Schließlich möchte ich noch einmal begründen, was dialogische Forschung zu einer phänomenologischen macht.

Versuchen wir Dialogik wissenschaftstheoretisch zuzuordnen, kann sie einerseits als eine eigene Richtung gesehen werden (vgl. Schrey 1991) und andererseits betrachte ich sie als Theorie des „living concepts", die sinnvolles Handeln aus der gegenwärtigen Wahrnehmung evoziert. Immer geht es darum, wie Menschen sich selbst, die Anderen und die Welt erleben und im jeweiligen Bewusstsein erfasst werden. Hier geht Phänomenologie davon aus, dass dieses Bewusstsein als Phänomen eine Wesens-Struktur besitzt, die wiederum Erkenntnisziel dialogischen Forschens ist. Die dialogische Datenerhebung kann zum Schluss nur im Ich-Es-Zugangsmodus erfolgen, primär ist jedoch, wie anfangs dargelegt, eine wirkliche Subjekt-Subjekt-Beziehung zu den jeweiligen Objekten durchlaufen zu haben. Den Weg dazwischen nennt Husserl eine Epoché, die in Form einer Wahrnehmungs-Distanzierung und Wahrnehmungs-Reduzierung geschieht.

Versuche ich in Anlehnung an Helmut Danners (2006) Entwurf der methodischen Schritte der Phänomenologie Husserls die einzelnen Prozessphasen nachvollziehbar zu machen, so verstehe ich aus meiner Gestalt-Haltung heraus den ersten Schritt, der **Theoretische Welt** genannt wird, als das Gewahrwerden meiner mentalen Wahrnehmung der jeweiligen Phänomene hin zum zweiten Schritt, dem Wahrnehmen meiner Gefühle bezüglich des Phänomens (im weitesten Sinne geht es um meine Lebenswelt). Diese Gefühle zeigen meine **Natürliche Einstellung**, mit der ich die Erkenntnisreise fortsetze. Vergleiche ich dann mein Denken und Fühlen, bewege ich mich im dritten Schritt in der sogenannten **Phänomenologischen Reduktion hin zur Phänomenologischen Einstellung**. Hier beschreibe ich (meine Bewusstseins-) Strukturen des Phänomens, die im Fühlen und Denken übereinstimmen, und durchlaufe infolgedessen eine **Wesensschau**. Danner nennt diese Vorgänge in Hinblick auf Husserls Methodologie einerseits **eidetische Reduktion** und andererseits **transzendentale** Reduktion. Letztere führt zum vorerst abschließenden Schritt. Hier erkenne ich, was ich neu wahrnehme, was neu in mein Bewusstsein getreten ist. Phänomenologische Forscher*innen betrachten diesen Abschluss als das Offenbaren ihrer **Transzendentalen Subjektivität**: Ich zeige hier, wie sich Welt, die Anderen und ich mir selbst in mir intentional strukturieren oder, mit Merleau-Ponty gesprochen, wie ich in den jeweiligen Phänomenen wohne. Letztendlich kann ich an meinen neuen Erkenntnissen erfassen, wie gewahr ich der dialogischen Wirklichkeit leibhaftig bin und kann mich entsprechend meiner Fragestellung, Zielsetzung und neuen Hypothesen erneut auf diese für weitere Wahrnehmungen im Ich-Du einlassen (vgl. Langsenkamp 2019, S. 20f. und Pankoke 2020, S. 50ff.).

Für den wissenschaftlichen Weg in den Ich-Du-Prozess sind vier Intentionen zu beachten (vgl. Muth 2013):

I. Ein Ich-Du ist begrifflich nicht zu fassen. Das Ich-Du in Aktion geschieht gerade deswegen, weil sich Kontaktgrenzen auflösen oder verändern.
II. Im Ich-Es-Modus kann ich meine Fremd- und Selbstwahrnehmungen beschreiben.
III. Beim Forschen unterscheiden wir zwischen Beobachten (Ich-Es) und Innewerden (Ich-Du).
IV. Professionelles Innewerden geschieht als „einseitige Umfassung". Denn es geht beim Forschen nicht in erster Linie um die Subjektivität der Forscher*innen, sondern um einen Gewahrseinsprozess, der die jeweilige Transzendentale Subjektivität hervorbringt. Mit anderen Worten:

Dialogische Forschung geschieht paradox: Praktisch findet eine Begegnung zwischen Subjekt und Objekt der Forschung statt, aber professionell ist sie keine, die auf Wechselseitigkeit angelegt ist. Dialogische Forscher*innen verfolgen wie Dialogpädagog*innen ein „zielhaftes Wirken" und „entrücken" (Buber 1995) am Projektende dem gegenseitigen Vertrauensprozess, der nicht auf reale Beziehungskontinuität angelegt ist.

Literatur

Grundsätzlich möchte ich auf alle Werke hinweisen, die ich im ibidem-Verlag in den Reihen *Dialogisches Lernen* und *Body-Feeling & Body-Bildung* seit 2005 herausgebe!

Buber, Martin: Nachwort, in: Martin Buber: Ich und Du, Stuttgart, 1995, S. 117-130.

Danner, Helmut: Methoden geisteswissenschaftlicher Pädagogik, 5. Auflage, München, 2006 (1979).

Kühn, Barbara & Muth, Cornelia: Body Awareness among Women within Sports Organizations, in: Muth (Hg.): Phänomenologische Praxisentwicklungsforschung, Band I, Stuttgart, 2012, S. 117-139.

Langsenkamp, Elisa: Dialogische Gestaltberatung im Kontext Sozialer Arbeit, in: Muth & Nauerth (Hg.): Phänomenologische Praxisentwicklungsforschung, Band II, Stuttgart, 2019, S. 13-108.

Matt-Windel, Susanna: Gütekriterien dialog-phänomenologischer Forschung, in: Muth & Nauerth (Hg.): Vertrauen gegen Aggression. Das Dialogische Prinzip als Mittel der Gewaltprävention, Schwalbach/Ts, 2010, S. 57-71.

Muth, Cornelia: Bewusstseinsprozesse von Studierenden in Projektseminare am Fachbereich Sozialwesen der Fachhochschule Bielefeld, in: Nauerth & Muth (Hg.): Phänomenologische Praxisentwicklungsforschung, Band II, Stuttgart, 2019, S. 169-214.

Muth, Cornelia: Ein Wegweiser zur dialogischen Haltung, Stuttgart, 2014.

Muth, Cornelia: Interkulturelles Lernen und Forschen in transkulturellen Dialoggruppen, in: Spetsmann-Kunkel & Frieters-Reermann (Hg.): Soziale Arbeit in der Migrationsgesellschaft, Opladen, 2013, S. 55-63.

Muth, Cornelia: Nicht für die Pädagogik, sondern für das Leben erkennen wir, in: Muth (Hg.): Phänomenologische Praxisentwicklungsforschung, Band I, Stuttgart, 2012, S. 41-55.

Pankoke, Nicole: Forscher*innen im Dialog: Selbstkonsistenter Entwurf einer dialogphänomenologischen Method(ologi)e, Stuttgart, 2020.

Schrey, Heinz-Horst: Dialogisches Denken, 3. Auflage, Darmstadt, 1991 (1970)